# Selbstbewusstsein kann man lernen!

## Selbstbewusstsein stärken
## Selbstvertrauen entwickeln

von

Alexander Stern

ZEBRABUCH

Selbstbewusstsein kann man lerne

von Alexander Stern

Dieses Werk entspricht der aktuellen amtlichen Regelung der deutschen Rechtschreibung von 2017.

A. 10 9 8 7 6 5 4 3 2 1 / 2022 2021 2020 2019



Redaktion Frank E. Callies
Umschlaggestaltung Ute Knüsting
Cover-Abbildungen: © Adobe Stock Fotos #90617892, #168384309, #51191787

ISBN Print: 978-3-86427-068-0
ISBN E-Book: 978-3-86427-069-7

# INHALT

# ÜBER DIESES BUCH

Selbstbewusstsein kann man lernen! Das ist der Titel und die Kernaussage dieses Buchs. Hier finden Sie erprobte Anleitungen zur Stärkung Ihres Selbstbewusstseins, die sich in der Praxis bewährt haben. Denn Selbstbewusstsein ist nicht angeboren. Jeder kann lernen, mit mehr Selbstvertrauen durchs Leben zu gehen, wenn er weiß, wie es gemacht wird.

Wenn Sie die Anleitungen in diesem Buch befolgen, werden Sie nach dem Lesen garantiert selbstbewusster sein, als vorher. Und das ist kein leeres Versprechen. Tausende von Lesern haben es bereits erfolgreich geschafft. Zahlreiche Zuschriften und Dankesschreiben zeigen, dass es funktioniert.

## Sie sind der Hauptdarsteller in diesem Buch

Das Ziel des Buchs ist, dass SIE sich gut fühlen und mit mehr Selbstvertrauen durchs Leben gehen. Positive Nebeneffekte wie Erfolg im Job und im Privatleben werden ganz sicher eintreten, sind aber nicht das Wichtigste. Es geht darum, dass Sie glücklich und zufrieden werden. Der Rest ergibt sich dann von selbst. Alles, was Sie lernen werden, lernen Sie für sich – nicht für andere. Wenn Sie das verstanden haben, haben Sie die erste Lektion in diesem Buch bereits erfolgreich gemeistert.

### Vorwort zur 2. Auflage

Für die zweite Auflage haben wir viele kleine Änderungen vorgenommen, die sich die Leser gewünscht haben. Viele Kapitel wurden erweitert. Sie finden jetzt zusätzliche Informationen, Erläuterungen und Beispiele, die Ihnen noch besser dabei helfen können, selbstbewusster zu werden.

Am Schluss des Buches haben wir nun zusätzlich ein Bonus-Kapitel hinzugefügt, in dem Leserfragen beantwortet werden, die auch für andere Leser interessant sein könnten.

**Vorwort zur 3. Auflage**

Motiviert durch die vielen Zuschriften von Lesern haben wir uns entschlossen, die dritte Auflage um neue Themen zu erweitern, die Ihnen zusätzlich dabei helfen werden, mehr Selbstbewusstsein zu entwickeln.

Durch die Erweiterungen hat sich der Umfang des Buches fast verdoppelt. Sie finden nun zusätzlich ganz neue Kapitel, zu folgenden Themen:

- Wie man sofort selbstbewusst wirkt.

- Wie man selbst gesteckte Ziele erreicht.

- Wie man durch die richtige Körpersprache selbstbewusst wirkt und selbstbewusst wird.

- Wie man beim Small Talk selbstbewusst auftritt.

- Wie man selbstbewusst eine Rede, einen Vortrag oder ein Referat hält.

- Wie man mit Schlagfertigkeit selbstbewusster auftritt.

- Wie man selbstbewusst auf Kritik und Angriffe reagiert.

- Wie man den Effekt der selbsterfüllenden Prophezeiungen für sich nutzt.

Und ganz wichtig: Wir haben auf vielfachen Wunsch einen Selbstbewusstseinstest eingefügt. Mithilfe des Tests können Sie ganz leicht herausfinden, wie es um Ihr Selbstbewusstsein bestellt ist.

**Vorwort zur 4. Auflage**

Auch, was gut ist, kann noch besser werden. Und so haben wir im Sommer 2019 Buch und E-Book noch einmal aktualisiert und weitere wichtige Informationen hinzugefügt. Wir haben Anregungen, die wir dankenswerterweise von Leserinnen und Lesern erhalten haben, in das Buch eingearbeitet. Außerdem haben wir alle Teile auf einen aktuellen Stand gebracht, wobei wir auch gesellschaftliche und technische Veränderungen der letzten Jahre einbezogen haben. Sie halten also ein Buch in den Händen, mit dem Sie bestens für die Anforderungen des 21. Jahrhunderts gerüstet sind.

# 7 Schritte zu mehr Selbstbewusstsein

Bevor Sie das Buch zum ersten Mal lesen, sollten Sie den Selbstbewusstsein-Selbsttest am Ende des Buchs durchführen. Sie erhalten so eine objektive Einschätzung, wie es aktuell um Ihr Selbstbewusstsein bestellt ist. Das Ergebnis können Sie später immer wieder verwenden, um abzulesen, welche Fortschritte Sie bereits gemacht haben.

Um den größten Nutzen aus dem Buch zu ziehen, hat sich die folgende Vorgehensweise bewährt:

1. Lesen Sie das Buch jetzt einmal komplett, um sich einen Überblick zu verschaffen.

2. Lesen Sie dann gezielt einzelne Kapitel und Abschnitte, die Ihnen besonders am Herzen liegen oder die für Sie besonders wichtig sind.

3. Vielleicht planen Sie, heute noch auszugehen, oder haben noch einen wichtigen Termin?
   Dann schauen Sie sich vorher einfach die Abschnitte über die Selbstbewusstsein-Soforthilfe, wie zum Beispiel die zu Körperhaltung und Small Talk oder den Abschnitt über die richtige Kleidung an.

4. Schreiben Sie sich Aussagen und Merksätze aus dem Buch auf, von denen Sie sich besonders angesprochen fühlen, oder die Ihnen persönlich wichtig erscheinen. Wenn Sie das E-Book lesen, können Sie natürlich auch die Markierfunktionen Ihres Lesegeräts nutzen.

5. Arbeiten Sie regelmäßig – am besten täglich – daran, die Ziele zu erreichen, die Sie beim Lesen des Buchs in Ihre persönliche

Zielliste eingetragen haben.

Bleiben Sie auch dann dran, wenn Sie einmal nur ganz wenig Zeit oder einfach gar keine Lust haben. Vergessen Sie nicht: Auch der kleinste Fortschritt oder Erfolg bringt Sie Ihrem Ziel ein Stück näher.

6. Werfen Sie nach dem Durcharbeiten immer wieder mal einen Blick in das Buch. Nehmen Sie sich für den jeweils aktuellen Tag einfach ein oder zwei Aufgaben aus dem Buch vor und versuchen Sie, diese umzusetzen.

7. Wiederholen Sie von Zeit zu Zeit den Selbsttest. Sie werden staunen, wie positiv sich Ihr Selbstbewusstsein entwickelt, wenn Sie am Ball bleiben.

Wenn Sie Fragen oder Anregungen zum Buch haben, nehmen Sie bitte Kontakt zu mir oder zum Verlag auf. Beide Adressen finden Sie wie immer am Ende des Buchs. Wir freuen uns auf Ihre Rückmeldungen :-)

# Beginnen Sie jetzt sofort

Bevor Sie sich im Folgenden mit den Tipps und Hinweisen für das Erlangen eines besseren Selbstwertgefühls beschäftigen, noch ein ganz persönlicher Rat: Machen Sie sich bitte klar, dass Sie sehr viel erreichen können, wenn Sie wirklich wollen. Es ist erwiesenermaßen möglich, das eigene Selbstbewusstsein zu stärken – wenn man etwas dafür tut.

Das wird aber nicht ohne Anstrengungen funktionieren und Sie werden vielleicht auch nicht immer beim ersten Versuch erfolgreich sein. Möglicherweise stoßen Sie auch auf Anregungen, die Ihnen nicht gefallen, oder für die Sie lieb gewonnene Gewohnheiten ändern müssten.

Haben Sie davor keine Angst. Denken Sie bitte darüber nach, wie lange Sie schon versuchen, Ihre Ziele und Wünsche auf die bisherige Art und Weise zu erreichen. Wenn Sie dabei noch nicht erfolgreich waren, sollten Sie neuen Ideen eine Chance geben.

Sie haben im schlechtesten Fall nichts zu verlieren, und können doch sehr viel gewinnen, wenn Sie durchhalten. Und lassen Sie sich von Rückschlägen nicht entmutigen. Es ist völlig normal, dass es auch mal nicht so gut läuft. Das gehört zu jedem Lernprozess dazu und hilft Ihnen dabei, zukünftig auch mit schwierigeren Situationen besser umzugehen.

Beginnen Sie sofort. Alles, was Sie brauchen, um loszulegen, finden Sie in diesem Buch. Bleiben Sie dran. Es lohnt sich und selbst der kleinste Schritt ist einer in die richtige Richtung.

Ich wünsche Ihnen dabei ganz viel Erfolg!

Ihr Alexander Stern

# 1. GRUNDLAGEN FÜR IHREN ERFOLG

In diesem Buch erhalten Sie eine Vielzahl von praktischen Anleitungen und Tipps, mit denen Sie Ihr Selbstbewusstsein dauerhaft verbessern können. Um dafür eine optimale Ausgangssituation zu schaffen, schauen wir uns in diesem Kapitel wichtige Fakten an, die zum besseren Verständnis dafür beitragen, wo die Ursachen für mangelndes Selbstvertrauen liegen. Sie erfahren unter anderem, wie man dieses Wissen nutzen kann, um eine dauerhaft gesunde und positive Einstellung zu sich selbst zu entwickeln.

Anschließend lernen Sie, warum es notwendig sein kann, einige ganz grundlegende Lebenseinstellungen neu zu überdenken und wie Sie durch diese Veränderungen eine neue, positivere Einstellung zu sich selbst und zu Ihrem Leben erreichen können. Sie werden überrascht sein, wie Dinge, die Sie bisher für völlig selbstverständlich gehalten haben, in einem anderen Licht betrachtet, ganz neue Möglichkeiten eröffnen.

Insbesondere werden Ihnen die in diesem Kapitel behandelten Themen, ganz entscheidend dabei helfen, die danach folgenden praktischen Tipps, Anleitungen und Hilfestellungen für mehr Selbstbewusstsein besser und erfolgreicher umzusetzen.

# Das müssen Sie über Ihr Selbstbewusstsein wissen

Viele von uns leiden bereits seit ihrer Kindheit oder Jugend unter Selbstzweifeln, oftmals, ohne das überhaupt zu bemerken. Wenn man mit einem Lebensgefühl aufwächst, das von mangelndem Selbstvertrauen geprägt ist, erscheint es einem völlig *normal*, sich anderen unterlegen zu fühlen.

Man kennt es ja nicht anders! Viele spüren zwar, dass irgendetwas nicht in Ordnung ist, können aber nicht genau sagen, was es ist, das sie quält. Ein Grund dafür ist, dass oft gerade die Menschen, die uns dabei helfen sollten, selbstbewusst durchs Leben zu gehen, die Ursache für unser mangelndes Selbstvertrauen sind.

Eltern und Lehrer sind in vielen Fällen nicht in der Lage, den ihnen anvertrauten Kindern das nötige Selbstbewusstsein zu vermitteln, oder sie leiden selbst an mangelndem Selbstvertrauen und können deshalb auch nicht als Vorbilder dienen, an denen sich die heranwachsenden Kinder und Jugendlichen orientieren können.

Umso wichtiger ist es, sich mit dem Problem auseinanderzusetzen, wenn man feststellt, dass mit dem eigenen Selbstbewusstsein etwas nicht stimmt. Ein wichtiger Schritt dabei ist, sich darüber klar zu werden, wie sich mangelndes Selbstvertrauen in unserem Lebensalltag äußert und wie wir es - ohne es zu wollen - oftmals selbst aufrechterhalten.

Beides werden wir im Folgenden aufdecken.

## Selbstzweifel: Woher kommen die eigentlich?

Das Merkwürdige an Selbstzweifeln ist die Tatsache, dass vor allem die Menschen unter ihnen leiden, die intelligent und einfühlsam sind. Leider gilt aber auch der umgekehrte Fall. Menschen mit geringer Intelligenz und Leistungsbereitschaft zweifeln nur selten an sich und ihren Fähigkeiten. Solchen Menschen, die sich offenbar ohne jeden Grund selbst für „ganz toll" halten, begegnet man leider ziemlich häufig.

Doch woher kommen unsere Selbstzweifel eigentlich? Sind sie angeboren, oder führen bestimmte Lebensumstände dazu? Oder sind unsere Eltern schuld? Oder vielleicht die Schule?

Sicher ist, dass die Grundlage für eine unrealistisch negative Einschätzung der eigenen Fähigkeiten und Leistungen bereits in der Kindheit gelegt wird. Eltern, die ihren Kindern nicht das Gefühl geben, gut zu sein, und auch unabhängig von ihren Leistungen geliebt zu werden, sind eine häufige Ursache. Unter mangelndem Selbstwertgefühl leiden auch die Menschen, die schon als Kind das Gefühl bekommen, nicht wichtig zu sein. Dabei muss gar kein böser Wille im Spiel sein. In Familien gibt es viele Gründe, warum ein Kind nicht die nötige Aufmerksamkeit bekommt. Vielleicht ist ein Elternteil nicht gesund oder der Job der Eltern spielt eine zu große Rolle. Ein Kind, das in so einer Umgebung aufwächst, in der andere Menschen oder andere Dinge stets wichtiger sind, als es selbst, kann kein gutes Selbstbewusstsein entwickeln.

Betroffen sind auch Menschen, die schon als Kind Leistungsanforderungen ausgesetzt waren, denen sie nicht gerecht werden konnten. Fordernde oder überforderte Eltern, die nur selten oder sogar nie loben, ziehen

Kinder heran, die als Erwachsene ständig an sich zweifeln. Wer als Kind nicht für seine Anstrengungen gelobt wurde, wird auch später nie mit seinen eigenen Leistungen zufrieden sein.

Aber auch Familien, in denen Bescheidenheit und Opferbereitschaft besonders intensiv gelebt werden, können bei Kindern die Idee entstehen lassen, dass es nicht in Ordnung ist, mit sich selbst zufrieden zu sein oder sich sogar selbst zu lieben. Das Gleiche gilt auch für Kinder, die in einer streng religiösen Umgebung aufwachsen. Wenn jede Form von Selbstliebe oder nur Zufriedenheit mit den eigenen Leistungen als „Hochmut", „Eitelkeit" oder gar als Sünde betrachtet wird, ist es schwierig, ein positives Selbstbild zu entwickeln.

Eltern, die selbst unter mangelndem Selbstbewusstsein leiden, sind ebenfalls eine häufige Ursache. Denn wie sollten solche Eltern ihren Kindern auch vermitteln, was es bedeutet, selbstbewusst durchs Leben zu gehen, wenn sie selbst nicht wissen, wie man das macht?

Auch in der Schule können Grundlagen für ein mangelndes Selbstbewusstsein gelegt werden. So sind Lehrer, die ihre Schüler ständig kritisieren und nur selten loben, eine häufige Ursache. Lehrer und Eltern, die den Wert eines Kindes vorwiegend an seinen schulischen Leistungen bemessen, wirken sich verheerend auf das Selbstwertgefühl der jungen Menschen aus. Wer nur geliebt wird, wenn er gute Noten nach Hause bringt, bekommt automatisch das Gefühl, selbst wertlos zu sein. Immerhin sind es ja offenbar nur seine Leistungen, die geliebt werden.

Auch, wenn ein Kind aus - welchen Gründen auch immer - zu einem Außenseiter wird (z. B. von den anderen Kindern gehänselt, gemieden oder gemobbt wird), besteht die Gefahr, dass es mit einem geringen

Selbstwertgefühl aufwächst.

*„Aber daran kann ich ja im Nachhinein nichts mehr ändern!"*

Das stimmt. Als erwachsene Menschen müssen wir mit dem arbeiten, was wir als Erbe aus unserer Kindheit und Jugend mitbekommen haben. Glücklicherweise verdammt uns das aber nicht dazu, es dabei zu belassen. Unsere Psyche und unsere Persönlichkeit befinden sich in einem ständigen Wandel. Es ist in jedem Lebensalter möglich, sie bewusst zum Positiven zu verändern. Jeder Mensch verändert sich im Laufe des Lebens aufgrund von Erfahrungen, Eindrücken und Lernprozessen. Aber auch bewusste und willentliche Veränderungen sind jederzeit möglich. Auf dieser Grundlage funktioniert jede Psychotherapie, und es gibt unzählige Beispiele dafür, wie Menschen sich aus den schwierigsten Verhältnissen befreit und ein erfolgreiches Leben geführt haben.

Wir werden in diesem Buch deshalb gemeinsam daran arbeiten, dass Sie hier und jetzt mehr Selbstvertrauen gewinnen. Wir wollen uns nicht mit der Vergangenheit beschäftigen, sondern uns darauf konzentrieren, was Sie hier und heute tun können, um Ihr Selbstbewusstsein zu verbessern. Die Vergangenheit ist vorbei und kann auch nicht mehr verändert werden. Was zählt, ist das Heute, und wie wir unser Leben heute verbessern können.

**Zitat:**

*„Es ist ein Jammer, dass die Dummköpfe so selbstsicher sind und die Klugen so voller Zweifel."*

*(Bertrand Russell, britischer Philosoph und Mathematiker)*

## Wie äußert sich geringes Selbstwertgefühl?

Jeder Mensch kennt Situationen, in denen er sich schlecht und anderen unterlegen fühlt. Auslöser können zum Beispiel sein, von jemandem schlecht behandelt zu werden oder einen Fehler gemacht zu haben. Auch wenn uns etwas peinlich ist, oder wir uns vor anderen blamieren, führt dies oft zu einem Gefühl der Scham oder Unzulänglichkeit.

Bei den meisten Menschen verschwinden die damit verbundenen schlechten Gefühle allerdings bereits nach kurzer Zeit wieder. Anders ist es bei Menschen, die grundsätzlich wenig Selbstvertrauen haben und häufig von Selbstzweifeln geplagt werden. Bei ihnen dauert der unangenehme Zustand viel länger – manchmal ein Leben lang.

Mangelndes Selbstbewusstsein bedeutet nicht nur, dass man sich häufig unsicher und in bestimmten Situationen unwohl fühlt. Fehlendes Selbstvertrauen kann das ganze Leben negativ verändern. Angefangen von verpassten Gelegenheiten in Schule und Berufsleben bis hin zu einem unglücklichen Privatleben hat mangelndes Selbstvertrauen viele negative Wirkungen.

Unsichere Menschen verpassen deshalb viele Chancen im Leben. Oft bleiben Sie weit hinter dem zurück, was sie eigentlich zu leisten imstande wären. Das betrifft sogar diejenigen, die überdurchschnittlich begabt und leistungsfähig sind. So ist es nicht selten, dass selbst brillante Spezialisten und fähige Experten nicht die Anerkennung erhalten, die sie eigentlich verdient hätten. Ihre Zurückhaltung und Selbstzweifel verhindern eine, den Fähigkeiten angemessene, Karriere.

Aber auch im Privatleben haben es Menschen mit einem geringen

Selbstbewusstsein schwerer als andere. Dadurch, dass sie lieber im Hintergrund bleiben und ihre besten Eigenschaften nicht zeigen, fällt es ihnen oft schwer, den Partner zu bekommen, den sie sich wünschen. Andere, mit mehr Selbstbewusstsein, können sich besser präsentieren und wirken dadurch nicht nur bei der Partnerwahl attraktiver.

Im Folgenden finden Sie eine Liste mit Verhaltensweisen, die für Menschen mit einem geringen Selbstwertgefühl typisch sind:

**Menschen mit einem geringen Selbstvertrauen ...**

☹ ... können sich nur schwer oder gar nicht gegen andere durchsetzen.

☹ ... betrachten sich selbst als unwichtig.

☹ ... fühlen sich oft von anderen abgelehnt.

☹ ... glauben oft, keine guten Menschen zu sein.

☹ ... glauben oft, ihre Arbeit nicht gut genug zu erledigen.

☹ ... fühlen sich häufig unattraktiv.

☹ ... glauben oft, ihr Leben nicht kontrollieren zu können.

☹ ... fühlen sich anderen unterlegen.

☹ ... achten wenig auf eigene Bedürfnisse.

☹ ... verzichten oft zugunsten anderer.

☹ ... entwickeln nicht ihre eigenen Begabungen.

☹ ... unterschätzen ihre eigenen Fähigkeiten.

☹  ... sind nicht so erfolgreich, wie sie sein könnten.

☹  ... sind nicht so glücklich, wie sie sein könnten.

☹  ... werden von anderen nicht so respektiert, wie sie es verdient hätten.

☹  ... führen weniger glückliche Beziehungen, als es ihnen eigentlich möglich wäre.


**Mit einem geringen Selbstwertgefühl sind häufig Ängste verbunden:**

😨  Angst vor Kritik

😨  Angst, zum Chef oder zu Kollegen auch mal „Nein" zu sagen

😨  Angst, einen Vortrag oder eine Rede zu halten

😨  Angst, sich zu blamieren

😨  Angst vor Prüfungen

😨  Angst vor Ablehnung

😨  Angst vor Fremden

😨  Angst davor, einen attraktiven Menschen anzusprechen

😨  Angst vor Autoritäten

😨  Angst vor Versagen

😨  Angst vor Veränderungen

😨  Angst vor Entscheidungen

Sie sehen: Mangelndes Selbstbewusstsein kann viele Probleme verursachen. Vielleicht haben Sie das ein oder andere auch schon bei sich selbst beobachtet? Zeit, etwas daran zu ändern. Sie sind auf einem guten Weg dazu.

# Selbstzweifler als „Hochstapler"?

Eine besondere Variante mangelnden Selbstvertrauens ist das sogenannte Impostor-Syndrom. Der Name kommt vom englischen Wort „impostor", womit ein Hochstapler oder ein Schwindler bezeichnet wird.

Man versteht darunter ein Verhalten, bei dem begabte und erfolgreiche Menschen, das Gefühl haben, ihren Erfolg nicht wirklich verdient zu haben. Dabei spielt es keine Rolle, wie gut jemand auf einem Gebiet ist. Viele Betroffene sind erfolgreich und ihre Arbeit wird häufig gelobt. Trotzdem werden sie von nagenden Selbstzweifeln geplagt. Es gibt erfolgreiche Menschen, die schon Preise und Auszeichnungen für ihre Arbeit erhalten haben, die aber dennoch nicht an ihre Fähigkeiten glauben. Es ist bekannt, dass sogar einige weltberühmte Stars darunter leiden.

Der Name des Syndroms rührt daher, dass diese Menschen ständig das Gefühl haben, das Lob oder den Lohn für ihre Arbeit gar nicht zu verdienen. Viele fühlen sich wie Hochstapler, die nur durch einen Zufall oder einen Fehler dahin gekommen sind, wo sie heute stehen.

Sie werten ihre eigenen Leistungen grundsätzlich ab und begründen dies auch vor sich selbst. So meinen sie, dass sie nur deshalb erfolgreich sind, weil noch niemand herausgefunden hat, wie substanzlos ihre Arbeiten eigentlich sind. Im Berufsleben ist mangelndes Selbstvertrauen ein großes Problem für die Betroffenen. Oft halten sie gute Leistungen aus falscher Bescheidenheit zurück, oder überlassen anderen die Anerkennung, die eigentlich ihnen zustehen würde.

Das Problem ist so weit verbreitet, dass große Unternehmen wie z. B. Google ihre Mitarbeiter ausdrücklich schulen, damit diese, wichtige

Innovationen nicht aus falscher Bescheidenheit, oder aufgrund von Selbstzweifeln, zurückhalten.

Wenn Sie auch manchmal, oder sogar häufig, das Gefühl haben, ihre Arbeit nicht gut genug zu erledigen, oder zu Unrecht für ihre Leistungen gelobt oder bezahlt zu werden, liegt die Ursache sehr wahrscheinlich in Ihrem mangelnden Selbstbewusstsein. Wir werden noch auf dieses Thema zurückkommen, und Sie werden lernen, wie Sie mit solchen Selbstzweifeln besser umgehen können.

# Selbstbewusst oder nicht?

In vielen Untersuchungen und Befragungen hat man herausgefunden, welche Verhaltensweisen für Menschen mit gesundem bzw. mangelndem Selbstbewusstsein typisch sind. Hier sind einige der Ergebnisse:

Der Selbstbewusste tut das, was er für richtig hält, ganz unabhängig davon, was andere davon halten.

Der Unsichere macht sich immer Sorgen darum, was andere denken könnten. Er tut das, was <u>andere</u> für gut erachten.

Der Selbstbewusste „traut" sich etwas und geht ab und zu auch ein Risiko ein, wenn es darum geht, etwas zu erreichen. Er ist häufig erfolgreich, in dem, was er tut.

Bei geringem Selbstbewusstsein ist die Angst davor, etwas falsch zu machen sehr groß. Die Betroffenen bewegen sich nur innerhalb ihrer „Komfort-Zone", gehen kaum Risiken ein und erreichen dementsprechend auch nicht viel.

Der Selbstbewusste kann Fehler zugeben. Er steht zu seinen Fehlern und lernt aus ihnen.

Der wenig Selbstbewusste versucht oft Fehler zu vertuschen oder geheim zu halten.

💪 Der Selbstbewusste nimmt Lob und Komplimente dankend an. Er ist davon überzeugt, zu Recht gelobt zu werden.

〰 Der wenig Selbstbewusste weist Lob und Komplimente zurück, da er meint, sie nicht verdient zu haben.

💪 Der Selbstbewusste kann ohne Probleme auch einmal „Nein" sagen, wenn er keine Zeit oder auch nur keine Lust dazu hat, etwas zu tun.

〰 Der wenig Selbstbewusste sagt oft „Ja", um andere nicht zu verärgern, oder einfach, weil es von ihm erwartet wird.

💪 Der Selbstbewusste knüpft aktiv Kontakte zu Menschen, die er interessant findet. Er kann fremde Menschen ohne Probleme ansprechen.

〰 Der wenig Selbstbewusste geht nicht von selbst auf Menschen zu. Er wartet und hofft darauf, dass sich ein Kontakt per Zufall oder über Dritte ergibt, die er schon besser kennt.

## Sie haben ein Recht darauf, sich gut zu fühlen!

Für viele Menschen mit geringem Selbstbewusstsein ist es zunächst einmal wichtig, zu verstehen, dass es keineswegs selbstsüchtig oder egoistisch ist, sich selbst gut fühlen zu wollen. Viele Betroffene haben ein regelrecht schlechtes Gewissen, wenn sie etwas tun, das ihnen selbst guttut oder Freude bereitet.

Das ist aber weder „normal" noch richtig. Auch wenn Sie vielleicht mit anderen Einstellungen oder Werten erzogen wurden: Es ist für jeden Menschen wichtig, sich selbst zu mögen und für sich selbst Gutes zu tun.
Das hat auch nichts mit Egoismus zu tun. Ganz im Gegenteil: Erst, wenn Sie sich selbst lieben und gut für sich sorgen, sind Sie überhaupt in der Lage, auch anderen Menschen zu helfen.

**Das Recht, sich gut zu fühlen:**

☺ Es ist das Recht jedes Menschen, sich gut zu fühlen, das Leben zu genießen und Spaß zu haben. Es gibt keinen Grund, dabei ein schlechtes Gewissen zu haben.

☺ Es ist das Recht jedes Menschen, von anderen, akzeptiert zu werden. Sie haben ein Recht darauf, von anderen fair und mit Respekt behandelt zu werden.

☺ Es ist das Recht jedes Menschen, seine Wünsche und Bedürfnisse zu äußern. Sie haben jederzeit das Recht, zu sagen, was Sie wollen und was nicht. Sie haben das Recht, jederzeit Wünsche anderer abzulehnen, ohne sich dabei schuldig zu fühlen.

Jeder Mensch hat das Recht, etwas für sich selbst zu tun. Sie können ohne schlechtes Gewissen jederzeit etwas nur für sich tun. Gönnen Sie sich zwischendurch immer wieder kleine Belohnungen. Nehmen Sie sich einen Tag frei, kaufen Sie etwas, das Sie schon lange haben möchten, gehen Sie ins Kino, oder machen etwas ganz anderes.

Wenn Sie sich selbst gut behandeln, trägt das jedes Mal ein wenig zu Ihrem Selbstbewusstsein bei. Wenn Ihnen das schwerfällt, betrachten Sie es einfach als erste Aufgabe in diesem Buch: Behandeln Sie sich gut!

# Sie müssen nicht perfekt sein!

Viele von uns scheitern an ihren eigenen Ansprüchen. Sie meinen, alles perfekt machen zu müssen. Natürlich ist dieser Wunsch immer zum Scheitern verurteilt. Denn wer ist schon wirklich perfekt? Da Perfektionisten niemals mit ihren eigenen Leistungen zufrieden sind, entwickeln sie häufig ein geringes Selbstwertgefühl und ein negatives Selbstbild.

**Perfektionismus hat aber noch viele weitere negative Folgen:**

Perfektionisten fühlen sich oft schuldig, weil sie ihre Aufgaben nicht 100%ig erfüllen können. Da dies so gut wie nie möglich ist, fühlen sich Perfektionisten im Grunde <u>immer</u> unzureichend.

**Perfektionisten lassen sich leicht entmutigen.**

Weil sie davon ausgehen, dass es immer sehr schwierig ist, eine Aufgabe zu ihrer eigenen Zufriedenheit zu bewältigen, geben sie oft auf, ohne es wirklich zu versuchen.

**Perfektionisten sind oft wie gelähmt.**

Der Versuch, alles in bestimmten Mustern und in einer ganz bestimmten Ordnung zu bewältigen, scheitert in der Regel. Perfektionisten können dadurch so in ihrer Handlungsfreiheit eingeschränkt sein, dass sie gar nicht mehr handeln können.

## Tipp

*Der Aufwand, ein gutes oder sehr gutes Ergebnis in ein perfektes Ergebnis zu verwandeln, ist in der Regel unangemessen hoch. Der Perfektionist investiert sehr viel Zeit, um ein Ergebnis nur minimal zu verbessern. Aus diesem Grunde sind Perfektionisten auch im Berufsleben nicht gerne gesehen. Sie sind einfach zu langsam!*

**Warum Perfektionisten nicht effektiv arbeiten können:**

Um ein 80%iges Ergebnis zu erreichen, benötigt man etwa 20% der verfügbaren Zeit. Um das Ergebnis mit den fehlenden 20% zu perfektionieren, benötigt man die restlichen 80% der verfügbaren Zeit. Es ist also in jedem Fall sehr unökonomisch, ein 90- oder 100%iges Ergebnis erreichen zu wollen.

Tatsächlich ist in fast allen Fällen ein „nur" gutes Ergebnis völlig ausreichend, während der Aufwand für ein perfektes Ergebnis pure Zeitverschwendung wäre.

**Das können Sie tun, um der Perfektionismusfalle zu entkommen:**

☺ Akzeptieren Sie, dass Sie ein Mensch sind und keine Maschine.

☺ Akzeptieren Sie, dass Menschen Fehler machen und niemals perfekt sind.

☺ Verzeihen Sie sich Fehler, die Ihnen unterlaufen.

☺ Betrachten Sie ein Ergebnis von 100% nicht als einzig akzeptables Ergebnis.

☺ Betrachten Sie ein Ergebnis von 80 % oder 90 % als Erfolg.

☺ Setzen Sie sich realistische Ziel- und Zeitvorgaben.

☺ Lernen Sie, zu scheitern, ohne sich Vorwürfe zu machen.

☺ Lernen Sie, Ziele zu überdenken, wenn sie nicht erreichbar sind.

☺ Loben Sie sich für Ergebnisse, die „nur" gut sind.

*„Gut genug" ist fast immer besser als „das Beste"!*

# Sie sind besser, als Sie glauben!

Menschen mit geringem Selbstbewusstsein neigen dazu, sich selbst und ihre Fähigkeiten unrealistisch schlecht einzuschätzen.

Untersuchungen haben gezeigt, dass das Verhalten und die Fähigkeiten von Menschen mit geringem Selbstvertrauen von ihrer Umgebung als deutlich positiver eingeschätzt werden, als von ihnen selbst. Das betrifft alle Bereiche von der sozialen Kompetenz über berufliche Fähigkeiten bis zu Eigenschaften wie Auftreten oder Aussehen.

Sie können also davon ausgehen, dass Ihre Selbsteinschätzung in vielen Fällen nicht der Realität entspricht. Wenn Sie also wieder einmal der Meinung sind, dass alle anderen klüger sind, besser aussehen oder Ihnen einfach allgemein überlegen sind, denken Sie daran, dass Ihr Eindruck Sie trügt. Wahrscheinlich denken sogar viele andere umgekehrt, dass <u>Sie</u> der oder die Bessere sind.

### Unzufriedenheit mit dem eigenen Aussehen

Insbesondere Frauen (aber auch immer mehr Männer) zweifeln oft unnötigerweise an ihrem Aussehen. Viele meinen, so aussehen zu müssen, wie die Models, Stars und Sternchen aus der Werbung oder aus dem Fernsehen. Gerade bei jungen Frauen führt das nicht selten zu gesundheitlichen Beeinträchtigungen oder sogar schweren Erkrankungen wie zum Beispiel Essstörungen.

Es ist typisch für Menschen mit geringem Selbstbewusstsein, dass sie ihr Aussehen viel schlechter einschätzen, als es von Außenstehenden beurteilt wird. Und ganz abgesehen davon: Andere Faktoren, wie Ausstrahlung, Humor, Freundlichkeit, Natürlichkeit und Hilfsbereitschaft sind, wenn es darum geht, wie attraktiv ein Mensch auf andere wirkt, mindestens ebenso wichtig, wie die äußere Erscheinung. Also, auch wenn Sie glauben, nicht gut (genug) auszusehen, gilt: Sie sind attraktiver als Sie glauben!

**Tipp**

Bei den Dingen, die auf andere Menschen attraktiv wirken, steht das Lächeln an allererster Stelle. Wenn Sie also aktiv etwas dafür tun wollen, um attraktiver zu wirken, dann sollten Sie möglichst häufig lächeln. Das wirkt besser als viele andere zum Teil fragwürdige Methoden, um das eigene Aussehen zu verbessern.

# Man ist so, wie der, der man zu sein glaubt!

Viele Untersuchungen und Experimente haben gezeigt, dass Menschen, die davon überzeugt sind, gut genug zu sein, um eine Aufgabe lösen zu können, das viel häufiger auch tatsächlich schaffen, als die, die an sich zweifeln. Bekannt sind vor allem die Untersuchungen des Soziologen Robert Merton über den Effekt der *Selbsterfüllenden Prophezeiung* (engl. self fullfilling prophecy).

Eine selbsterfüllende Prophezeiung ist also eine Vorhersage, die ihre Erfüllung selbst bewirkt. Wir werden weiter unten, noch einmal auf dieses nützliche Hilfsmittel zurückkommen.

Allein schon die Überzeugung etwas gut zu können, führt in vielen Fällen dazu, dass man es auch tatsächlich schafft. Sogar bei Intelligenztests schneiden Schüler, die *glauben* intelligent zu sein, besser ab, als die, die das nicht von sich glaubten. Der Effekt der selbsterfüllenden Prophezeiung wurde in Hunderten von Studien immer wieder untersucht. Immer wieder zeigte sich, dass die Annahme, etwas zu können, sehr oft dazu führte, dass dies auch tatsächlich so war.

Es ist also in jedem Fall günstig, einfach davon auszugehen, dass man gut genug ist, um einer Aufgabe gewachsen zu sein. In den allermeisten Fällen wird allein das schon dazu führen, dass man sich sicherer fühlt, sicherer wirkt und erfolgreicher ist.

Sie können auch gleich damit beginnen:

**Aufgabe**

Verbannen Sie die folgenden Sätze aus Ihrem Wortschatz und aus Ihren Gedanken:

☹ *„Das kann ich nicht.“*

☹ *„Dafür bin ich nicht gut genug.“*

☹ *„Das mache ich bestimmt falsch.“*

☹ *„Ich mache bestimmt einen Fehler!“*

☹ *„Ich falle bei der Prüfung bestimmt durch.“*


Sagen Sie sich stattdessen:

☺ *„Ich versuche es einfach mal!“*

☺ *„Mehr als schiefgehen kann es nicht.“*

☺ *„Das wird schon klappen.“*

☺ *„Das haben schon Dümmere geschafft!“*

☺ *„Wenn es nicht funktioniert, habe ich es wenigstens versucht.“*


Sie vergrößern damit auf einfache Weise Ihre Chancen, auch tatsächlich erfolgreich zu sein.

## Sie werden mehr geliebt, als Sie glauben

Untersuchungen haben gezeigt, dass Menschen mit geringem Selbstwertgefühl die Liebe ihrer Partner viel geringer einschätzen, als diese tatsächlich ist. Dies trifft besonders in Beziehungen zu, die noch nicht sehr lange bestehen. Aber selbst nach 10 Ehejahren glauben viele unsichere Menschen immer noch, dass ihre Partner sie weniger lieben, als es tatsächlich der Fall ist.

Tragischerweise kann durch dieses Verhalten genau das eintreten, was der unsichere Partner eigentlich unbedingt vermeiden möchte. Dadurch, dass er ständig an der Liebe des anderen zweifelt, kommt es häufig zu Spannungen. Er nimmt das natürlich dann als Beleg dafür, dass er mit seiner Einschätzung doch richtig gelegen hat.

Vermeiden Sie es, in einen solchen Teufelskreis zu geraten. Betrachten Sie Ihre Zweifel daran, geliebt zu werden als ein Symptom Ihres geringen Selbstbewusstseins, das Sie überwinden können.

Vertrauen Sie Ihrem Partner. Er liebt Sie ganz sicher mehr, als Sie glauben!

# 2. ALLGEMEINE AUFGABEN FÜR MEHR SELBST-BEWUSSTSEIN

Im Folgenden finden Sie eine Reihe von wichtigen Aufgaben, die Ihnen auf Ihrem Weg zu mehr Selbstbewusstsein helfen werden.

Im Gegensatz zu den praktischen Tipps und Anleitungen im zweiten Teil des Buches, handelt es sich bei diesen Aufgaben um solche, die eine Veränderung Ihrer Einstellungen und Denkweisen zum Ziel haben.

Alle Aufgaben sollen Sie zum Nachdenken anregen. Denn immer trägt das wirkliche Verstehen eines Verhaltens oder einer Denkweise mehr zur Verbesserung des eigenen Selbstbewusstseins bei als das exakte Befolgen von Anweisungen.

Naturgemäß handelt es sich dabei auch um Aufgaben, die einen längeren Zeitraum beanspruchen, um ihre volle Wirkung zu entfalten. Nehmen Sie sich also ausreichend Zeit, um sich mit den Aufgaben auseinanderzusetzen.

**Hinweis**

Manche Aufgaben klingen vielleicht sehr einfach oder langweilig. Nehmen Sie bitte auch die scheinbar simplen Aufgaben ernst. Manchmal können auch die einfachsten Dinge eine sehr positive Wirkung entfalten, wenn man sie ernst nimmt und wirklich danach handelt. Das muss man dann aber auch wirklich tun. Denn selbst die einfachsten Dinge haben nur dann eine positive Wirkung, wenn Sie sie auch tatsächlich für sich umsetzen. Das Lesen ist nur der erste Schritt, die eigentliche Arbeit beginnt danach. Wenn Sie das wissen, haben Sie das Wichtigste schon verstanden.

Wir beginnen mit einer Aufgabe, die Sie ganz bestimmt schon einmal in dieser oder ähnlicher Form gehört haben.

# Lernen Sie, sich zu mögen

Vielen von uns fällt es schwer, sich selbst zu mögen und in einem positiven Licht zu sehen. Sie können oft bei anderen über Fehler hinwegsehen. Sich selbst gegenüber sind sie aber sehr streng und ungnädig.

Um mehr Selbstsicherheit zu erlangen, ist es aber wichtig, dass Sie sich selbst mit allen Stärken und Schwächen annehmen. Bei anderen Menschen tun Sie das ja auch.

**Es gibt niemanden, der nur positive Eigenschaften hat!**

Wer von sich selbst fordert, perfekt zu sein, wird zwangsläufig unzufrieden und unglücklich. Jeder Mensch besitzt ein ganz spezifisches Muster aus Stärken und Schwächen. Erst in dieser Gesamtheit ist ein Mensch vollständig.

Ihre Aufgabe besteht also darin, Ihren Blick stärker auf Ihre Vorzüge zu richten und sich die weniger guten Eigenschaften zu verzeihen. Erstellen Sie eine Liste mit all Ihren positiven Eigenschaften. Dazu zählen auch ganz unspektakuläre Eigenschaften und Fähigkeiten. Beispiele finden Sie unter anderem im Abschnitt über das Entdecken von Talenten.

Sie können auch gute Freunde oder Familienmitglieder bitten, zu formulieren, was diese besonders an Ihnen mögen. Sie werden überrascht sein, wie viel Gutes <u>andere</u> in Ihnen sehen.

**Wichtig:**

Glauben Sie Ihren Freunden, wenn diese Ihnen sagen, was sie an Ihnen mögen! Vermeiden Sie Gedanken wie:

☹ *„Das sagt der/die jetzt nur, weil ...“*

☹ *„Der/Die will mich nur nicht verletzen ...“*

☹ *„Wahrscheinlich lügt er/sie, um mir einen Gefallen zu tun ...“*

**Sagen Sie sich stattdessen:**

☺ *„So wie ich bin, bin ich gut!“*

☺ *„Ich bin auch dann gut, wenn ich einen Fehler gemacht habe!“*

☺ *„Andere mögen meine/n Humor / Ehrlichkeit / Hilfsbereitschaft / Organisationstalent ...„*

☺ *„Ich bin ein wertvoller Mensch und werde von anderen gemocht.“*

## Tipp

Nehmen Sie Komplimente anderer immer dankend an. Sagen Sie „Danke, es freut mich, dass ihnen meine Arbeit gefällt.“ oder „Danke, schön, dass Ihnen aufgefallen ist, dass ich abgenommen habe.“ und so weiter.

**Verzichten Sie auf spontane Abwertungen der eigenen Leistungen:**

☹ *„Ach, das war doch ganz einfach.“*

☹ *„Das hätte jeder andere auch gekonnt.“*

☹ *„Na, so gut war das nun auch wieder nicht.“*

Na, kommen Ihnen diese Antworten bekannt vor? Machen Sie sich nichts draus, Sie sind auf dem besten Weg, es zukünftig besser zu machen. Sagen Sie stattdessen zukünftig einfach „Danke!“ und freuen Sie sich über das Lob.

**So können Sie besser mit Ihren Schwächen umgehen:**

☺ Akzeptieren Sie Ihre Fehler und Schwächen, so wie Sie das auch bei einem guten Freund tun würden.

☺ Sprechen Sie sich selbst Mut zu.

☺ Trösten Sie sich selbst.

☺ Haben Sie mit sich selbst Geduld.

☺ Machen Sie sich selbst Komplimente.

☺ Schließen Sie Freundschaft mit sich selbst.

Ach ja, Sie müssen auch nicht jedem gefallen! Es ist nicht Ihre Aufgabe, so zu sein, dass andere Sie mögen, sondern so, dass es <u>Ihnen</u> dabei gut geht! Jeder möchte möglichst von allen geliebt werden. Das ist aber nicht möglich und auch nicht notwendig.

Verbiegen Sie sich nicht, um jemandem zu gefallen. Jeder Mensch mit Charakter hat nicht nur Freunde, sondern auch Menschen, die ihn nicht so gut leiden können. Das ist nun einmal so, und das ist auch völlig in Ordnung!

# Sorgen Sie gut für sich selbst

Ein Tipp, der ganz einfach und selbstverständlich erscheint. Trotzdem haben viele von uns gerade damit große Probleme. Sie überfordern und belasten sich so lange, bis es nicht mehr weitergeht. Am Ende stehen dann häufig Burn-out und Depressionen. Man ist dann völlig „ausgebrannt", erschöpft und hat keine Kraft mehr, den Alltag und erst recht nicht die Arbeit in der Firma, zu schaffen.

Gut für sich selbst zu sorgen ist sowohl im Privatleben als auch im Beruf absolut unverzichtbar, wenn wir uns gut fühlen wollen. Gut für sich selbst zu sorgen, ist auch wichtig für das eigene Selbstbewusstsein. Wer sich selbst nicht wichtig genug ist, um gut für sich zu sorgen, hat auch nicht das Gefühl, es Wert zu sein.

Gut für sich selbst zu sorgen, bedeutet auch, sich gegenüber Forderungen anderer abgrenzen zu können. So ist es zum Beispiel Gift für das Selbstbewusstsein, ständig die Arbeit anderer zu übernehmen oder nie eine Anerkennung für die eigene Arbeit zu bekommen. Das gilt für den Chef, der schon fast selbstverständlich davon ausgeht, dass Sie „gerne" ein paar Überstunden machen, damit er etwas früher nach Hause gehen kann. Das gilt aber auch für Ihre Familie, die vielleicht davon überzeugt ist, dass ausschließlich Sie dafür zuständig sind, zu putzen, zu waschen und das Essen zuzubereiten.

Hier sind einige „Minimalstandards", die Sie einhalten sollten, damit es Ihnen gut geht:

**1. Sich selbst gut versorgen (regelmäßig essen und trinken), gesunde Nahrung zu sich nehmen.**

Das klingt selbstverständlich, ist es aber für viele nicht. Gerade Menschen mit geringem Selbstwertgefühl neigen dazu, selbst elementare Bedürfnisse zu vernachlässigen. Lernen Sie, auf Ihren Körper zu hören. Was sagt er Ihnen gerade? Spüren Sie Hunger? Sind Sie müde oder erschöpft? Verschieben Sie Ihre Bedürfnisse nicht auf später. Machen Sie eine Pause oder nehmen Sie eine Auszeit dann, wenn Sie das Gefühl haben, sie zu brauchen.

**2. Regelmäßig und ausreichend schlafen.**

Nehmen Sie sich die dafür notwendige Zeit, auch wenn dafür etwas anderes zurückstehen muss. Ausreichender und regelmäßiger Schlaf ist für Ihr Wohlbefinden und Ihre Gesundheit elementar wichtig. Verschieben Sie Ihren Schlaf nicht auf das Wochenende. Wenn Sie müde sind, brauchen Sie Schlaf oder Ruhe möglichst sofort. Und wenn das nicht möglich ist, nutzen Sie die nächste Gelegenheit, zum Beispiel, wenn Sie von der Arbeit nach Hause kommen.

**3. Sich für mindestens eine Stunde täglich bewegen (am besten im Freien).**

Das kann idealerweise in Form von Sport geschehen. Aber auch ein täglicher Spaziergang an der frischen Luft führt dazu, dass Sie sich besser fühlen. Tageslicht und Bewegung sind zwei Faktoren, die wesentlich dazu beitragen, ob Sie sich wohlfühlen oder nicht.

**4. Nicht ständig Arbeit von anderen übernehmen**

Das gilt sowohl für den Beruf als auch für das Privatleben. Denken Sie in Ruhe darüber nach, welche Arbeiten Sie übernehmen wollen und welche nicht. Vermeiden Sie, spontan auf diesbezügliche Anfragen reagieren zu müssen, denn dann ist die Gefahr groß, dass Sie „überrumpelt" werden.

Legen Sie sich einfach ein paar freundliche Worte zurecht, mit denen Sie beim nächsten Mal eine ungerechtfertigte Forderung zurückweisen.

### 5. Sich nicht alles gefallen lassen.

Wer von anderen nicht respektiert wird und sich nicht dagegen wehrt, wird sich zwangsläufig schlecht fühlen. Wehren Sie sich, wenn Sie respektlos behandelt werden. Das gilt im Übrigen nicht nur für Fremde. Auch im Freundes- und Familienkreis entwickeln sich manchmal Umgangsformen, die es an Respekt fehlen lassen.

### 6. Ihre Wünsche und Bedürfnisse formulieren und durchsetzen.

Wer seine eigenen Bedürfnisse immer zurückstellt, wird sich auf Dauer schlecht und minderwertig fühlen. Das gilt auch in Bezug auf Familienmitglieder. Manche Eltern (insbesondere Mütter) verzichten oft zugunsten von Kindern oder Ehepartnern. Tun Sie das nicht zu oft, wenn Sie wollen, dass es Ihnen gut geht.

### 7. Nicht „Ja" sagen, wenn Sie „Nein" meinen.

Es stimmt, manchmal lohnt es sich nicht, Meinungsverschiedenheiten auszudiskutieren. Wer aber ständig anderen das Feld überlässt und seine eigene Meinung zurückhält, wird unzufrieden und unglücklich. Gewöhnen Sie sich an, zumindest bei wichtigen Themen, nicht „Ja" zu sagen, wenn Sie „Nein" meinen.

### 8. Ein Frühwarnsystem für Überlastungen einrichten.

Beobachten Sie aufmerksam die ersten Anzeichen von Überlastung. Dazu gehören zum Beispiel Schlafstörungen oder Appetitmangel. Auch wenn man sich leicht daran gewöhnt, ist es zum Beispiel nicht „normal", dauerhaft unter Einschlaf- oder Durchschlafstörungen zu leiden. Beides ist ungesund und trägt maßgeblich dazu bei, dass man sich schlecht fühlt.

**Veränderungen gefallen nicht jedem!**

Natürlich werden diese Veränderungen nicht bei allen Beteiligten auf Begeisterung stoßen. Denjenigen, die bisher von Ihrer „Hilfsbereitschaft" profitiert haben, wird es nicht gefallen, dass Sie ab sofort nur noch Ihre eigene Arbeit erledigen. Freunde und Familie werden womöglich zunächst Probleme damit haben, wenn Sie zukünftig auch stärker an sich selbst denken.

Bleiben Sie standhaft. Auch wenn es oft einfacher erscheint, eine Arbeit eben doch schnell selbst zu erledigen, als sie abzulehnen oder klein beizugeben, um Ärger zu vermeiden, ist dies der einzige Weg, um dauerhaft gut mit sich selbst umzugehen.

# Haben Sie <u>jetzt</u> Spaß!

Viele Menschen haben permanent das Gefühl, etwas an sich oder an ihrem Leben verbessern zu müssen, bevor sie sich etwas gönnen dürfen. Sie würden gerne Freunde treffen, einen Tanzkurs machen oder in einen Sportverein eintreten, tun dies aber nicht, weil sie sich noch nicht gut genug fühlen.

**Typische Aufschiebeargumente sind:**

- Wenn ich 5 Kilo Gewicht verloren habe.

- Wenn ich diese Arbeit erledigt habe.

- Wenn ich meine Pickel los bin.

- Wenn ich die Zahnspange nicht mehr tragen muss.

- Wenn ich die Prüfung bestanden habe.

- Wenn ich Rentner(in) bin.

- Wenn ich mal Zeit übrig habe.

    ... und so weiter ...

Das Ende vom Lied ist, dass es oftmals gar nicht dazu kommt. Ist endlich eines der oben genannten Ziele erreicht, wird es durch ein neues ersetzt. Der Zustand, in dem sich der Betroffene gut genug fühlt, um sich etwas zu gönnen, auszugehen und Spaß zu haben, tritt <u>nie</u> ein.

Das Gefährliche an dieser „Aufschieberitis" ist, dass die Fähigkeit, sich zu amüsieren und gemeinsam mit anderen Spaß zu haben, irgendwann verlernt wird. Es ist also keineswegs so, dass man jederzeit einfach wieder damit beginnen könnte. Auch Spaß haben muss regelmäßig trainiert werden, wenn es erhalten bleiben soll.

**Tipp: Spaß haben muss trainiert werden.**

Werden Sie sofort aktiv. Sie sind gut, so wie Sie jetzt sind! Schieben Sie es nicht auf, Spaß zu haben. Beginnen Sie hier und jetzt damit! Verschieben Sie die Erfüllung Ihrer Träume und Wünsche nicht auf später. Sparen Sie sich schöne Dinge nicht für eine spätere Gelegenheit auf, die vielleicht nie kommen wird. Gönnen Sie sich Spaß und auch alles andere, was Ihnen guttut und Freude macht. Das ist gut für Sie und stärkt Ihr Selbstbewusstsein.

Schätzen Sie das, was Sie <u>jetzt</u> haben.

☺ Akzeptieren Sie, wie die Dinge kommen.

☺ Lassen Sie Hass und Ärger los.

☺ Lassen Sie die Vergangenheit ruhen.

☺ Konzentrieren Sie sich auf das, was Sie jetzt gerade tun.

☺ Unternehmen Sie noch heute etwas, das Ihnen Spaß macht.

☺ Verabreden Sie sich mit Freunden.

☺ Gönnen Sie sich etwas.

☺ Kaufen Sie sich etwas Schönes.

Jeder Tag ist ein neuer Anfang, den Sie selbst gestalten können. Verschieben Sie Dinge, die Sie erfreuen, nicht auf später. Gönnen Sie sich heute etwas. Sie haben es verdient!

# Nehmen Sie weniger Rücksicht auf andere

Natürlich ist es kein Fehler, Rücksicht auf die Bedürfnisse der Menschen in der eigenen Familie, im Freundeskreis oder am Arbeitsplatz zu nehmen. Diejenigen unter uns, die ein geringes Selbstbewusstsein haben, neigen allerdings dazu, <u>zu viel</u> Rücksicht auf andere zu nehmen und ihre eigenen Bedürfnisse zu oft denen anderer unterzuordnen.

Sie machen gute Miene zum bösen Spiel und lassen andere auf ihren Gefühlen herumtrampeln. Im Job übernehmen sie die Arbeit von Kollegen und nehmen zudem noch deren Fehler auf sich. Oft werden ihre Zurückhaltung und die Unfähigkeit, „Nein" zu sagen, von anderen ausgenutzt.

Die Folge solchen Verhaltens ist, dass sich die Betroffenen schlecht fühlen und womöglich sogar noch ein schlechtes Gewissen haben, weil sie sich (wieder mal) nicht gewehrt haben.

**Beispiele**

Markus, 57 berichtet von seiner Arbeit in einer Behörde:

*„Die Kollegen lassen ihre Arbeit oft liegen, weil sie wissen, dass ich es schon machen werde. Manchmal muss ich deshalb länger im Büro bleiben, während sie nach Hause gehen. Ich fühle mich dann schlecht, traue mich aber nicht, mich zu beschweren."*

Elisabeth, 34 erzählt:

*„Die Maschinen müssen zum Schichtende gereinigt werden. Jeder soll seine (Maschine) selbst sauber hinterlassen. Ein paar Kolleginnen tun das aber nicht. Damit es keinen Ärger gibt, mache ich das dann auch noch. Das ärgert mich, aber ich will keinen Streit mit den anderen Frauen."*

Zuviel Rücksichtnahme auf die Wünsche anderer ist meist ein Zeichen von Angst davor, abgelehnt zu werden. Wir möchten, dass uns andere akzeptieren und wenn möglich auch lieben oder gar bewundern. Wird die Angst vor Ablehnung aber so stark, dass wir beginnen, Dinge zu tun, die wir eigentlich nicht mögen, oder dass wir nicht das tun können, was wir eigentlich wollen, ist es an der Zeit, etwas zu ändern.

**Wichtig: Es ist <u>nicht</u> Ihre Aufgabe, anderen zu gefallen!**

Stehen Sie zu Ihren Wünschen, Bedürfnissen und Rechten. Menschen, die immer nur kuschen, machen sich keineswegs beliebt, sondern werden eher verachtet oder zumindest nicht ernst genommen.

### Aufgaben für Sie

- ✔ Setzen Sie Grenzen.

- ✔ Übernehmen Sie nicht Aufgaben anderer, wenn es dafür keinen wichtigen Grund gibt.

- ✔ Sagen Sie „Nein", wenn Sie etwas nicht tun wollen oder einfach keine Lust dazu haben.

- ✔ Heucheln Sie keine Freundlichkeit, bei Menschen, die Sie nicht mögen.

- ✔ Haben Sie keine Angst davor, andere zu verärgern.

# Suchen Sie Ihre Stärken - nicht die Schwächen

Schon in der Schule lernen wir, unsere Aufmerksamkeit vor allem auf die Fächer und Themen zu lenken, die uns nicht so gut liegen, in denen wir sogenannte *Defizite* haben. Lernpsychologische Untersuchungen haben allerdings bereits vor vielen Jahren gezeigt, dass es wesentlich sinnvoller wäre, die besonderen Stärken von Schülern herauszufinden und zu fördern, als sich auf die Defizite zu konzentrieren, um diese zu beseitigen.

Unsichere Menschen neigen dazu, auch nach der Schulzeit im späteren Leben ihre Aufmerksamkeit bevorzugt auf die Eigenschaften und Fähigkeiten zu richten, die sie selbst als negativ oder nicht ausreichend einschätzen. Das beginnt mit dem eigenen Aussehen und endet mit dem vermeintlich zu geringen Einkommen oder anderen Dingen, in denen sie sich anderen unterlegen fühlen.

## Tipp

Lenken Sie Ihre Aufmerksamkeit auf Ihre positiven Eigenschaften und Fähigkeiten und stellen Sie die heraus. Beschäftigen Sie sich in Ihrer Freizeit mit Dingen, die Sie besonders <u>gut</u> können und nicht mit solchen, von denen Sie (oder andere) meinen, dass Sie sie besser können <u>sollten</u>.

Tun Sie Dinge, die Ihnen liegen und Spaß machen. Achten Sie dabei nicht auf das damit zusammenhängende Prestige. Ganz gleich, ob Sie Berge besteigen oder Streichholzschachteln sammeln: Was zählt, ist, dass es <u>Ihnen</u> Spaß macht!

### Was können Sie besonders gut?

Den meisten von uns fällt auf diese Frage erst einmal keine spontane Antwort ein. Obwohl wir auf die Frage nach unseren Fehlern problemlos wie aus der Pistole geschossen antworten könnten.

Haben wir dann etwas gefunden, was wir gut können, werten wir es oft selbst sofort wieder ab:

🙁 „Das ist doch nichts Besonderes."

🙁 „Das können andere doch auch."

Finden Sie heraus, wo <u>Ihre</u> besonderen Fähigkeiten und Begabungen liegen, und fördern Sie diese. Wenn Sie sich mit etwas beschäftigen, das Sie gut können, werden Sie sich besser fühlen und etwas für Ihr Selbstbewusstsein tun.

Zu Ihren besonderen Fähigkeiten zählen nicht etwa nur die, die eine herausragende Leistung darstellen. Oder solche, mit denen Geld zu verdienen ist. Auch oder gerade Dinge, die einfach „nur" Spaß machen, können zu unseren besonderen Stärken zählen. Viele meinen, dass das, was einem Spaß macht, keine besondere Leistung sei. Tatsächlich ist genau das Gegenteil der Fall. Es sind nämlich ganz besonders die Dinge, die uns Spaß machen, bei denen wir ganz besonders gute Leistungen erbringen.

**Aufgabe**

Vervollständigen Sie bitte die folgenden Sätze:

📝 Besonders gut kann ich ...

📝 Besonders viel Spaß macht mir ...

📝 Besonders stolz bin ich auf ...

📝 Besonders gerne mache ich ...

Bedenken Sie: Jeder erfolgreiche Mensch tut das, was er besonders gut kann, was ihm liegt und was ihm Spaß macht. Alle Menschen, die wir für ihre Leistungen bewundern, tun genau das. Oder glauben Sie, Boris Becker wäre ein so ein erfolgreicher Tennisspieler geworden, wenn er sich den Kopf darüber zerbrochen hätte, dass er im Fußball eine Niete ist? Und auch Lady Gaga wird sich nicht allzu viele Gedanken darüber machen, dass sie vielleicht eine schlechte Matheschülerin war. Stattdessen konzentriert sie sich, wie alle erfolgreichen Menschen, auf das, was sie wirklich gut kann, in ihrem Fall eben Musikmachen und Singen.

Machen Sie es genauso: Finden Sie heraus, was Sie gut können und lenken Sie Ihre Aufmerksamkeit darauf. Das tut gut und wirkt sich positiv auf Ihr Selbstbewusstsein aus.

## Entdecken Sie neue (und alte) Talente

Menschen mit geringem Selbstwertgefühl haben nicht selten unentdeckte Talente. Aufgrund der negativen Selbsteinschätzung kommen diese Talente aber bei vielen niemals zum Vorschein, oder werden einfach als unwichtig erachtet und nicht gefördert. Tatsächlich hat <u>jeder</u> Mensch besondere Fähigkeiten und Talente, auch wenn diese manchmal nicht auf den ersten Blick zu erkennen sind.

Einige mögliche Talente kommen einem sofort in den Sinn, wenn man über dieses Thema nachdenkt. Dazu gehören vor allem so offensichtliche Dinge und Fähigkeiten, wie zum Beispiel ein Musikinstrument spielen zu können, zu malen oder besonders gut im Sport zu sein. Wenn Sie ein Talent oder einfach nur Spaß an so einer Tätigkeit haben, sollten Sie das auf jeden Fall fördern. Tun Sie dies ganz unabhängig davon, was andere dazu sagen.

Leider wird aber oft schon Kindern der Spaß an so einer Sache verdorben. Und viele Eltern kommen erst gar nicht auf die Idee, bei ihren Kindern besondere Talente zu vermuten. Manchmal stellt sich dann erst in der Schule oder noch später heraus, dass jemand zum Beispiel besonders musikalisch ist. Aber selbst dann wird solch eine Begabung nicht immer gefördert. Wenn ein Kind das Gefühl hat, dass es mit seinem „Geklimper" nur stört, wird es schnell den Spaß am Klavierspielen verlieren.

Vielleicht ist es auch Ihnen so ergangen, dass Sie aus irgendwelchen Gründen nie dazu gekommen sind, ein Instrument zu erlernen, zu singen, zu malen oder ein anderes Talent zu entwickeln? Wenn ja, ist jetzt der Zeitpunkt gekommen, etwas daran zu ändern.

Neben den bereits genannten Talenten für Musik und Kunst gibt es aber noch eine riesige Palette von Talenten, die nicht so offensichtlich, aber nicht weniger wichtig sind.

Dazu gehören zum Beispiel solche Fähigkeiten:

- ☺ Gut zuhören können.

- ☺ Eine liebevolle Mutter / ein liebevoller Vater sein.

- ☺ Handwerklich begabt sein.

- ☺ Einen „Grünen Daumen" haben.

- ☺ Gut kochen können.

- ☺ Schöne Briefe schreiben können.

- ☺ Sich mit Computern gut auskennen.

- ☺ Schöne Blumensträuße machen können.

- ☺ Sich um Kranke kümmern können.

- ☺ Jemanden trösten können.

- ☺ Sich um Tiere zu kümmern.

- ☺ Gut aussehen.

- ☺ Sportlich sein.

**Tipp: Neues ausprobieren**

Jeder von uns hat besondere Fähigkeiten und Talente. Finden Sie heraus, was Ihnen liegt und Spaß macht.

Es ist nie zu spät, ein neues Talent zu entdecken. Wenn Sie schon immer Lust hatten, etwas Neues auszuprobieren, können Sie das auch noch mit

80 tun. Auch mit 40, 50 oder 60 kann man noch etwas Neues lernen. Lassen Sie sich nicht von irgendwelchen Miesmachern etwas anderes erzählen. Die, die behaupten, in einem bestimmten Alter mache es keinen Sinn mehr, etwas Neues zu lernen, sind meist selbst nur zu träge, um noch etwas anzupacken. Das menschliche Gehirn kann in <u>jedem</u> Alter Neues lernen. Und das macht nicht nur Spaß, sondern hält Sie auch geistig fit. Warten Sie nicht lange. Beginnen Sie sofort damit, egal, wie alt Sie sind.

Ein Talent oder einfach nur ein Hobby zu haben, das Ihnen Spaß macht, trägt wesentlich dazu bei, dass Sie ein besseres Selbstwertgefühl entwickeln. Dieser Effekt verstärkt sich noch, wenn Sie in der Lage sind, mit Ihren Fähigkeiten andere Menschen zu erfreuen oder ihnen zu helfen.

**Aufgabe**

Bitte ergänzen Sie die folgenden Sätze:

- *Wenn ich Zeit hätte, würde ich .................. erlernen.*
- *Als Kind habe ich am liebsten ..................*
- *Ich wollte schon immer gerne ..................*
- *Was ich am besten kann, ist ..................*
- *Mein Talent ist ..................*
- *Ich bewundere Menschen, die .................. können.*

1. Schauen Sie sich an, was Sie eingetragen haben.

2. Wählen Sie das Talent, Hobby oder die Fähigkeit aus, die Ihnen am meisten liegt.

3. Beginnen Sie damit.

Übrigens, man muss auch kein Naturtalent sein, um an einem Hobby Spaß zu haben. Millionen spielen mit Begeisterung Tennis, ohne auch nur im Entferntesten das Talent eines Boris Becker zu haben. Und auch als Musiker oder Hobbymaler kann man sehr viel Spaß haben, ohne ein zweiter Mozart oder Van Gogh sein zu müssen.

Wenn Sie das Gefühl haben, dass Ihnen ein Hobby Spaß macht, oder Befriedigung verschafft, tun Sie es einfach, ganz gleich, wie begabt Sie sind!

**Zitat**

> *„Nutze die Talente, die Du hast!*
> *Die Wälder wären still, wenn nur die begabtesten Vögel sängen.“*
>
> (Henry van Dyke, US-amerikanischer Geistlicher und Schriftsteller)

# Finden Sie heraus, was Sie ändern können - und was nicht

**Zitat:**

*„Gott gebe mir die Gelassenheit, Dinge hinzunehmen, die ich nicht ändern kann, den Mut, Dinge zu ändern, die ich ändern kann, und die Weisheit, das eine vom anderen zu unterscheiden."*

*(Reinhold Niebuhr, deutsch-amerikanischer Theologe)*

Unsichere Menschen stellen häufig tatsächliche oder auch nur vermeintliche Eigenschaften an sich fest, die sie selbst nicht mögen:

- ☹ Ich bin zu dick.

- ☹ Ich sehe nicht gut aus.

- ☹ Ich bin nicht klug genug.

- ☹ Meine Englischkenntnisse sind zu gering.

- ☹ Meine Nase ist zu groß / zu klein / zu krumm / zu gerade.

- ☹ Ich bin zu klein / Ich bin zu groß.

- ☹ Ich bin schlecht in Mathe.

- ☹ Ich bin nicht cool.

- ☹ Ich habe zu wenig Geld.

## 1. Dinge, die Sie ändern können und wollen:

Es ist erstaunlich, wie viele Dinge man im eigenen Leben verändern kann. Es gibt viele Beispiele von Menschen, die es zum Teil unter schwierigsten Umständen geschafft haben, ihrem Leben eine vollkommen neue Ausrichtung zu geben. Wenn die Motivation und der Wille zum Durchhalten stark genug sind, gibt es kaum etwas, das wirklich unmöglich wäre.

Man muss sich allerdings darüber klar sein, dass es nur den wenigsten von uns „normalen" Menschen vergönnt ist, so viel Mut und Energie aufzubringen. Daran ist nichts Schlechtes. Es zeigt vielmehr, dass unsere aktuelle Lebenssituation eben doch nicht so schlecht ist, dass wir bereit wären, alles dafür zu geben, sie zu ändern.

Wenn wir also darüber nachdenken, was wir in unserem Leben ändern können, sollten wir im Hinterkopf behalten, dass es einige Dinge gibt, die zwar theoretisch möglich wären, zu denen wir aber in der Praxis nicht wirklich bereit sind.

### Beispiele

Inge, 56 berichtet:

*„Ich war schon immer ein bisschen moppelig, schon in der Schule hatte ich immer ein paar Pfund mehr als meine Mitschülerinnen. Deshalb habe ich mich viele Jahre lang gequält, um so dünn zu sein, wie manche andere. Ich war richtig unglücklich, weil das nie funktioniert hat. Ich koche sehr gut und esse gerne. Irgendwann habe ich damit aufgehört und meine Figur so akzeptiert, wie sie ist. Seitdem geht es mir viel besser. Auch mein Mann und meine Kinder sagen, dass ich viel besser drauf bin, seit ich nicht mehr versuche, mich schlank zu hungern."*

Bernd, 34 sagt:

*Mein Vater hat von mir erwartet, dass ich später mal die Kanzlei übernehme. Und ich hab's auch wirklich versucht. Aber schon das Jurastudium war eine Qual für mich. Ich hab's dann mit Ach und Krach geschafft, hatte aber nie Freude daran. Die Arbeit als Jurist ist einfach nicht mein Ding. Als ich das verstanden hatte, ging es mir plötzlich viel besser. Mein Vater war natürlich enttäuscht, aber er hat es dann doch irgendwann verstanden. Heute muss ich mich nicht mehr verstellen und mein Leben ist besser geworden. Man kann so was einfach nicht erzwingen."*

Bei den Dingen, die Sie in Ihrem Leben ändern können, reden wir also von solchen, die auch tatsächlich machbar sind. Es gibt einfach Dinge, die Sie schaffen können, und andere, die Anstrengungen erfordern, die Ihnen nicht guttun. Wenn Sie sich darüber im Klaren sind, können Sie sich einiges an Frust und viele Dämpfer für Ihr Selbstvertrauen ersparen.

Bleiben also die Dinge, die auch praktisch änderbar sind. Hier stellt sich die Frage, handelt es sich um etwas, das Sie wirklich verändern wollen? Sind es wirklich Sie, der die Änderung will, oder reagieren Sie nur auf Wünsche anderer? Insbesondere bei riskanten Aktionen wie zum Beispiel einer Schönheitsoperation sollten Sie ganz genau überlegen, ob oder für wen Sie das tun wollen.

Julia, 24 erzählt:

*„Mein damaliger Freund hatte mich schon fast davon überzeugt, dass ich diese Sache (eine Schönheits-OP) machen sollte. Ich war sogar schon zu einem Gespräch in der Klinik. Bei diesem Aufklärungsgespräch ist mir aber klar geworden, dass das echt nicht in Ordnung ist, dass er (der Lebensgefährte) das von mir erwartet, nur damit ich ihm besser gefalle. Ich hab's dann nicht*

*gemacht und mich bald darauf von ihm getrennt. Heute bin ich total froh, dass ich das noch rechtzeitig gemerkt habe. "*

Wenn Sie <u>wirklich</u> davon überzeugt sind, eine Ihrer Eigenschaften oder etwas in Ihrem Leben ändern zu wollen, dann beginnen Sie am besten sofort mit der Arbeit, dies auch wirklich zu tun. Es gibt dann aber auch keine Ausreden oder Ausflüchte.

Etwas in Ihrem Leben zu verändern, kann sich sehr positiv auf Ihr Selbstbewusstsein auswirken, allerdings nur dann, wenn Sie auch eine realistische Chance haben, die Änderung zu einem positiven Ende zu bringen. Nehmen Sie sich also nicht zu viel auf einmal vor. Mit einer zu großen Aufgabe vor Augen verfliegt die anfängliche Motivation sehr schnell. Suchen Sie Ziele aus, die auch wirklich erreichbar sind, und beginnen Sie mit ganz kleinen Minizielen. Unterteilen Sie große Ziele in möglichst viele kleine und kleinste Schritte. Gehen Sie dann Schritt für Schritt vor. Sie kommen auch so ans Ziel und vermeiden unnötigen Frust.

**Aufgabe**

Notieren Sie drei Dinge, die Sie in Ihrem Leben ändern wollen:

1. _______________________________________

2. _______________________________________

3. _______________________________________

Beginnen Sie sofort damit, die gewünschten Änderungen herbeizuführen. Gehen Sie los und kaufen sich Joggingschuhe oder melden Sie sich im Fitnessstudio an, wenn Sie Gewicht verlieren wollen.
Ganz gleich, was Sie ändern wollen. Schieben Sie es nicht vor sich her. Fangen Sie damit an! Das ist gut für Sie und für Ihre Selbstbewusstsein.

## 2. Dinge, die Sie nicht ändern können:

Wenn Sie feststellen, dass eine Ihrer ungeliebten Eigenschaften zu der Gruppe gehört, die Sie nicht ändern können, akzeptieren Sie sie!

Sparen Sie Ihre Energie für positivere Dinge auf. Gegen Dinge, die man nicht ändern kann, lohnt es sich nicht, zu kämpfen. Ganz im Gegenteil, umso mehr Sie sich mit einer solchen Sache beschäftigen, desto mehr rückt Sie in den Fokus Ihrer Betrachtung und umso wichtiger und unangenehmer wird sie für Sie.

Beobachten Sie zum Beispiel, ob es in Ihrem Leben bestimmte Dinge gibt, über die Sie sich immer wieder ärgern. Prüfen Sie, ob Sie das Ärgernis beseitigen können oder nicht. Wenn ja, tun Sie es. Wenn Sie nichts dagegen tun können oder wollen, akzeptieren Sie es. Sie sollten dann allerdings damit aufhören, sich darüber zu ärgern und diesen Punkt <u>für immer</u> von Ihrer inneren To-do-Liste streichen.

Verbannen Sie Gedanken wie:

☹  *„Ach, wenn ich doch …"*

☹  *„Wenn XY nicht wäre …"*

☹  *„Hätte ich doch …"*

Schluss damit!

Schon die Philosophen der Antike wussten, dass das Akzeptieren des Nicht-Änderbaren eine Grundvoraussetzung für Zufriedenheit und Glück ist. Und so ist es gerade ein Merkmal selbstbewusster und glücklicher Menschen, Dinge so zu akzeptieren, wie sie sind. Das klingt ganz einfach und fällt doch den meisten von uns äußerst schwer.

**Akzeptieren heißt nicht, Gutheißen oder Resignieren.**

Sie können und sollen daran arbeiten, dass sich die Dinge in eine Richtung entwickeln, die Sie wünschen. Sie sollten das allerdings nicht fordern und es stattdessen auch akzeptieren, wenn es anders kommt. Denn oftmals ist es vor allem eine Frage der inneren Einstellung, ob uns etwas unerträglich erscheint, oder ob wir es einfach ignorieren können und uns besser dabei fühlen.

# Vergleichen Sie sich nicht mit anderen!

Vergleiche mit anderen sind der beste Weg, sich selbst unzufrieden und schlecht zu fühlen. Ganz gleich, in welcher Kategorie wir uns vergleichen. Es gibt immer jemanden, der klüger, wohlhabender, schöner oder erfolgreicher ist als wir selbst.

Natürlich gibt es auch mindestens genauso viele Menschen, die viel schlechter dran sind, als wir selbst. Statt uns darüber zu freuen, dass es uns gut geht, schauen wir aber lieber auf die, die vermeintlich „besser" sind als wir selbst und ärgern uns darüber.

Die menschliche Psyche spielt uns hier einen bösen Streich. Während sie auf der einen Seite alles ausblendet, was schlechter ist als unsere eigene Situation, fokussiert sie sich auf alles und jeden, der scheinbar „besser" (dran) ist als wir selbst. Das Resultat ist, dass wir das Gefühl bekommen, von lauter Menschen umgeben zu sein, die uns in vielen Bereichen überlegen sind. Unser Selbstbewusstsein leidet natürlich sehr unter dieser Perspektive, die Welt wahrzunehmen.

## Tipp

Sie müssen nicht besser oder auch nur genauso gut sein, wie andere, um sich gut zu fühlen. Nehmen Sie sich so an, wie Sie sind. So können Sie sich <u>immer</u> gut fühlen. Ganz gleich, ob Sie anderen gerade in einem Punkt überlegen sind, oder nicht. Auch wenn wir dieses Gefühl vielleicht schon seit unserer Kindheit mit uns herumschleppen: Es gibt kein Gesetz und keine Regel, die besagt, dass wir besser sein müssen als andere. Es muss uns auch nicht besser oder ebenso gut gehen, wie anderen. Wichtig ist einzig und allein, dass WIR uns dabei gut fühlen. Was interessieren Sie die anderen? SIE wollen doch selbstbewusst und zufrieden durchs Leben gehen. Das ist das Einzige, was zählt!

### *Es gibt kein Gesetz, das sagt, dass wir besser oder auch nur genauso gut sein müssen, wie andere!*

Ein weiteres Problem beim Vergleichen mit anderen ist, dass wir uns in der Regel nicht nur mit einer Person vergleichen, die genau wie wir bestimmte Stärken und Schwächen hat. Vielmehr finden wir auch hier eine Methode, bei der wir immer verlieren müssen. Der Trick dabei: Man vergleicht sich bei jeder Eigenschaft mit einer anderen Person, bei der man ganz bestimmt unterlegen ist.

Ein wenig überspitzt könnte das dann so lauten:

- ☹ „Ich spiele schlechter Tennis als Boris Becker."
- ☹ „Ich habe nicht so einen muskulösen Körper wie Arnold Schwarzenegger."
- ☹ „Ich habe nicht so viel Geld wie Bill Gates."
- ☹ „Ed Sheeran singt besser als ich."
- ☹ „Ich glaube, Albert Einstein war irgendwie klüger als ich."

Häufig finden Vergleiche auch gar nicht mehr mit realen Personen statt, sondern mit deren Rollen im Kino oder im Fernsehen. Die Vorbilder werden dadurch noch unerreichbarer. Frust und mangelndes Selbstwertgefühl sind da natürlich vorprogrammiert.

Das Gleiche gilt natürlich auch für Kunstfiguren aus der Werbung oder Models. Hier sind es besonders die Frauen, die ihren Körper mit den völlig unnatürlichen und oft abgemagerten Formen der Vorbilder vergleichen.

**Zitat:**

*„Das Vergleichen ist das Ende des Glücks und der Anfang der Unzufriedenheit."*

*(Sören Aabye Kierkegaard, dänischer Philosoph und Schriftsteller)*

# Spüren Sie unrealistische Gedanken auf

Ein Verfahren, das in der kognitiven Verhaltenstherapie schon lange erfolgreich angewendet wird, ist das Aufspüren und Ersetzen von schädlichen Gedanken. Das Ziel dabei ist, dass ein Patient selbst bemerkt, wenn sich ungünstige und unrealistische Gedanken in sein Denken einschleichen. Er soll erkennen, dass seine übertrieben negativen Gedanken nicht der Wirklichkeit entsprechen und diese durch realistische Gedanken ersetzen.

**Beispiel 1:**

Eine junge Frau hat bei der Arbeit am PC einen Fehler gemacht und versehentlich einige Daten gelöscht. Sie denkt:

> *„Das ist wieder mal typisch für mich. Ich kann wirklich gar nichts richtig machen. Für die Arbeit am Computer bin ich einfach zu dumm!"*

Im nächsten Schritt wird die Patientin angeleitet zur überprüfen, ob ihre Gedanken und Annahmen tatsächlich der Realität entsprechen. Dann soll sie die unrealistischen Gedanken durch solche ersetzen, die der Wirklichkeit näherkommen.

**unrealistischer Gedanke:**

☹ *„Das ist wieder mal typisch für mich."*

Damit schreibt sie sich nicht nur die Schuld an dem Fehler zu, sondern bekräftigt auch die Annahme, dass es beim nächsten Mal wieder Probleme geben wird. Es liegt ja eben alles an ihr.

**realistischer Gedanke:**

☺ *„Ich habe einen Fehler gemacht. Das passiert anderen auch. Beim nächsten Mal klappt's bestimmt besser."*

**unrealistischer Gedanke:**

☹ *„Ich kann wirklich gar nichts richtig machen."*

Auch dieser Gedanke ist unrealistisch: Tatsächlich macht sie jeden Tag Hunderte von Dingen richtig.

**realistischer Gedanke:**

☺ *„Ich brauche ein wenig Übung bei der Arbeit am PC. Im Grunde weiß ich, wie es funktioniert. Ich habe nur nicht aufgepasst."*

**unrealistischer Gedanke:**

☹ *„Für die Arbeit am Computer bin ich einfach zu dumm."*

**realistischer Gedanke:**

☺ *„Fehler bei der Arbeit mit Computern passieren jedem einmal. Das ist definitiv kein Zeichen von Dummheit, sondern von mangelnder Übung."*

**Beispiel 2:**

Ein 40-jähriger Mann beginnt nach langer Pause wieder mit dem Gitarre spielen. Nach einer gewissen Zeit fragt ihn ein Freund, ob er in einer Hobby-Band mitspielen möchte. Der Mann lehnt jedoch ab.

Dabei läuft Folgendes ab:

**Die Gedanken:**

☹ *„Ich spiele das Instrument nicht gut genug.“*

☹ *„Die anderen Bandmitglieder spielen viel besser als ich.“*

☹ *„Bei einem öffentlichen Auftritt werde ich ständig Fehler machen.“*

☹ *„Ich werde mich blamieren.“*

☹ *„Ich werde niemals gut genug Gitarre spielen, um in einer Band mitzumachen.“*

**Gefühle und Verhalten:**

Der Mann ist mutlos und enttäuscht von seinen eigenen Fähigkeiten. Er ist deprimiert, weil er eigentlich gerne in der Band spielen würde. Er hat keine Lust mehr zu üben, da ihn die Gitarre an sein „Versagen“ erinnert.

**Überprüfung der Gedanken:**

Im nächsten Schritt überprüft der Patient, ob seine Gedanken in der Realität begründet liegen, oder, ob sie eher unrealistisch sind. Gleichzeitig überprüft er, wohin ihn diese Gedanken gebracht haben. Er stellt fest, dass er einige seiner Gedanken nicht begründen kann. Außerdem bemerkt er, dass diese Art zu denken, dazu führt, dass er sich schlecht fühlt.

**Formulieren realistischer Gedanken:**

Im nächsten Schritt formuliert der Betroffene realistischere Gedanken:

☺ *„Ich habe zwar viele Jahre nicht mehr Gitarre gespielt. Trotzdem beherrsche ich immer noch ein paar Songs ganz gut.“*

☺ *„Ich weiß gar nicht, ob die anderen Bandmitglieder wirklich so gut spielen. Viel wahrscheinlicher ist es, dass sie in einer ähnlichen Situation sind, wie ich selbst. Außerdem kann ich von guten Musikern auch noch etwas lernen.“*

☺ *„Es ist wahrscheinlich gar kein öffentlicher Auftritt geplant. Sollte es einen geben, habe ich die Gelegenheit, schon lange vorher festzustellen, ob ich dafür gut genug bin."*

☺ *„Ich muss nicht spielen wie Jimi Hendrix, um in einer Freizeitband mitspielen zu können."*

☺ *„Wenn ich in einer Band spielen würde, würde ich wahrscheinlich viel mehr üben und wäre sicher nach ein paar Wochen schon deutlich besser als jetzt."*

Versuchen Sie auch Ihre Gedanken zu beobachten und einzugreifen, wenn Sie feststellen, dass unrealistische negative Gedanken auftauchen,

**Tipp**

Unerwünschte Denkgewohnheiten, die sich in der Regel über viele Jahre hinweg gebildet haben, kann man nicht innerhalb von ein paar Tagen ablegen. Sie werden feststellen, dass sich die alten negativen Gedankenmuster nur äußerst ungern auflösen lassen.

Lassen Sie sich dadurch nicht entmutigen. So ergeht es jedem, der versucht, negative Gedankenmuster zu verändern. Bleiben Sie dran! Veränderungen sind nur mit viel Geduld und häufigem praktischen Üben zu erreichen.

# Stoppen Sie Ihren inneren Kritiker!

*Der härteste Kritiker sind wir meist selbst.*

Kennen Sie das? Es ist gerade etwas nicht optimal gelaufen, schon beginnt die innere Stimme mit einer Tirade:

☹️    *„Das war wieder mal typisch für mich …“*

☹️    *„Ich bin wirklich zu blöd …„*

☹️    *„So etwas Dummes kann auch nur mir passieren …“*

☹️    *„Ich kann wirklich gar nichts richtig machen …“*

Solche und ähnliche Gedanken kennt fast jeder. Sie begleiten uns oft schon seit der Kindheit und spätestens seit der Schulzeit. Diese Gedanken sind immens schädlich. Sie führen nicht nur dazu, dass wir uns ungeliebt und schlecht fühlen. Sie verhindern auch gleichzeitig, dass sich daran etwas ändern kann.

Denn der innere Kritiker schlägt auch dann zu, wenn es darum geht, uns zu entmutigen, wenn wir gerade dabei sind, etwas zum Besseren zu verändern. Er versucht dann, uns mit lauter Zweifeln davon zu überzeugen, dass es ohnehin nicht funktionieren wird.

**Der innere Kritiker kann das Selbstbewusstsein eines Menschen dauerhaft beschädigen.**

Leider können wir diesen Quälgeist nicht einfach so abschalten. Wir können aber lernen, zu bemerken, wenn er wieder zuschlägt. Ähnlich wie bei den unrealistischen Gedanken können wir ein Alarmsystem installieren, das aktiv wird, sobald wir die ersten negativen Einwürfe des inneren Kritikers bemerken.

Es ist äußerst wichtig, dass Sie lernen, diese unrealistischen und selbstabwertenden Gedanken zu kontrollieren. Am besten ist dazu die Gedankenstopp-Methode geeignet, die in diesem Buch vorgestellt wird.

**Sie sind gut, genau so, wie Sie sind!**

Vergessen Sie das nicht. Auch wenn Ihr innerer Kritiker ständig versucht, Ihnen etwas anderes einzureden.

**So können Sie mit dem inneren Kritiker umgehen:**

Das Wichtigste ist, ihn überhaupt zu bemerken. Nur wenn Sie wissen, was Sie da ständig entmutigt, können Sie auch dagegen vorgehen. Vielleicht können Sie sich vorstellen, wie Ihr innerer Kritiker aussieht? Viele Menschen verbinden mit dem inneren Kritiker das Bild eines Elternteils, eines Lehrers oder einer anderen kritisierenden oder strafenden Person.

Leider sind die entmutigenden Einwürfe unseres inneren Kritikers nicht leicht als solche zu erkennen. Sie erscheinen uns in der Regel nicht als unnötige Kritik, sondern als vernünftige Ideen, die uns selbst eingefallen sind. Das macht es so schwierig, sich nicht von ihnen beeinflussen zu lassen.

Machen Sie sich klar, dass Gedanken, die uns entmutigen oder davor warnen, etwas überhaupt erst zu versuchen, oft nicht zutreffend sind. Auch, wenn es uns so erscheint.

**Argumentieren Sie gegen ihren inneren Kritiker:**

Es ist nicht leicht, mit Vernunft und Logik gegen Überzeugungen vorzugehen, die wir bereits seit vielen Jahren mit uns herumtragen. Trotzdem ist diese Vorgehensweise hilfreich, um den inneren Kritiker zu überzeugen.

Schreiben Sie in einer Pro- und Kontra-Liste Argumente auf, die gegen den inneren Kritiker hilfreich sind.

Das könnte zum Beispiel so aussehen:

**Innerer Kritiker**

☹　*„Das schaffe ich sowieso nicht!"*

**Gegenargument**

☺　*„Ich habe es früher schon einmal geschafft." „Wenn andere es schaffen, schaffe ich es auch!"*


**Innerer Kritiker**

☹　*„Ich mache immer alles falsch!"*

**Gegenargument**

☺　*„Stimmt nicht. Ich mache jeden Tag sehr viele Dinge gut oder sogar sehr gut!"*


**Innerer Kritiker**

☹　*„Das hat keinen Sinn. Ich versuche es lieber erst gar nicht."*

**Gegenargument**

☺　*„Unsinn, vielleicht funktioniert es ja doch? Ich versuche es auf jeden Fall, damit ich wenigstens die Chance habe, dass es funktioniert."*

**Innerer Kritiker**

☹ *„Alle anderen können das besser als ich."*

**Gegenargument**

☺ *„Stimmt nicht! Ich kenne einige, die das ganz sicher nicht besser könnten als ich."*


**Betrachten Sie Ihren inneren Kritiker mit Nachsicht:**

Es hilft wenig, den inneren Kritiker zu hassen. Er ist eben auch ein Teil von uns selbst. In manchen Situationen hat er uns schon davor bewahrt, Fehler zu machen oder ein zu großes Risiko einzugehen.

Lernen Sie, wie oben beschrieben, mit ihm umzugehen. Im Laufe der Zeit verselbstständigen sich auch die Gegenargumente, sodass der innere Kritiker eines Tages nur noch das tut, was er soll. Nämlich warnen, wenn es <u>wirklich</u> ein Risiko gibt.

**Zitat:**

*„Der Mensch ist das einzige Lebewesen, das von sich eine schlechte Meinung hat."*

*(George Bernard Shaw, britischer Dramatiker und Politiker)*

# Wenden Sie die Gedankenstopp-Methode an

Eine erprobte Methode, um selbstabwertende und negative Gedanken zu stoppen, ist die sogenannte Gedankenstopp-Methode. Die Methode wird bereits seit vielen Jahren erfolgreich bei vielen Patienten eingesetzt, die unter Angst- oder Zwangsgedanken leiden. Sie ist aber auch hervorragend geeignet, um negative Gedanken aller Art zu stoppen.

Es geht bei dieser Methode darum, dass Sie selbst erkennen und bemerken, wenn sich bestimmte negative Gedanken in Ihr Denken schleichen. Sicher haben Sie selbst schon festgestellt, dass das ziemlich häufig passiert.

### So funktioniert die Gedankenstopp-Methode

Bei der Gedankenstopp-Methode lernen Sie zunächst, Ihre Gedanken so zu beobachten, dass Sie es sofort bemerken, wenn sich ein typischer selbstabwertender Gedanke zeigt. In diesem Moment sagen Sie laut und deutlich „Stopp!" Manche Therapeuten empfehlen, zusätzlich mit der Hand auf den Tisch zu schlagen oder zusätzlich ein lautes Geräusch zu erzeugen.

Das „Stopp!", die Hand auf dem Tisch und das laute Geräusch haben folgende Wirkungen:

1. Der Gedankenstrom wird unterbrochen. Sie haben an dieser Stelle die Möglichkeit, Ihre Gedanken bewusst auf ein positiveres Objekt zu lenken.

2. Die negativen Gedanken werden durch den Schrecken „bestraft" und treten danach seltener und irgendwann optimalerweise gar nicht mehr auf.

Es ist wichtig, dass Sie verstehen, dass Sie sich <u>nicht selbst</u> bestrafen, sondern lediglich die unerwünschten Gedanken.

Üben Sie diese Methode eine Zeit lang zu Hause ein. So lange, bis Sie das Gefühl haben, die unerwünschten Gedanken kontrollieren und stoppen zu können.

Im zweiten Schritt ersetzen Sie das laut gesprochene „Stopp!" durch ein lautloses „Stopp!", das Sie nur gedanklich „sprechen". Auf diese Weise können Sie die Gedankenstopp-Methode in Ihren Alltag integrieren.

Bitte überfordern Sie sich auch bei dieser Methode nicht. Es ist nichts Schlimmes, wenn sich die selbstabwertenden Gedanken immer wieder in das Denken einschleichen. Diese Gedanken hatten viele Jahre Zeit, sich zu entwickeln. Sie können und müssen sie also nicht von heute auf morgen loswerden.

Über einen längeren Zeitraum regelmäßig eingesetzt, kann Ihnen die Gedankenstopp-Methode aber dabei helfen, nach und nach immer seltener negativ über sich selbst zu denken und zu urteilen.

**Zitat:**

*„Hüte Dich vor negativen Gedanken, denn sie greifen Körper und Geist an. Sie sind die ersten Symptome des Übels. Heile Deinen Geist, wenn Du Deinen Körper heilen willst. Schule Dich in positivem Denken, selbst in den Prüfungen Deines Lebens."*

*(Tibetische Weisheit)*

# Finden Sie die <u>richtigen</u> Freunde

Jeder kennt das. Es gibt Menschen, in deren Nähe wir uns sicher und wohlfühlen. Und es gibt solche, bei denen wir Unsicherheit, Unwohlsein oder gar eine Bedrohung empfinden. Zur letzten Gruppe gehören besonders solche Mitmenschen, die ständig versuchen, andere zu dominieren. Gespräche mit diesen Menschen drehen sich häufig darum, dem jeweils anderen zu beweisen, dass sie selbst in der Rangordnung höher stehen oder bei jedem Thema recht haben müssen. Typische Verhaltensweisen sind das häufige Herausstellen der eigenen Leistungen, des eigenen (höheren) Monatseinkommens, des größeren Hauses, der tolleren Urlaube und so weiter.

**Beispiel**

Brigitte, 38 berichtet:

> *„Das ging schon in der Schule los. A. (ihre Freundin) hat sich immer die Jungs geschnappt. Selbst, wenn sie wusste, dass ich in einen verliebt war. Wenn ich heute mit ihr zusammen bin, muss sie immer recht behalten. Was ich will, ist egal. Manchmal bin ich richtig sauer auf sie."*

Zurückhaltende Menschen haben es in Gegenwart solcher „Alphatiere" besonders schwer. Sie neigen dazu, den Machtproben auszuweichen und fühlen sich dabei schlecht, weil sie das Gefühl haben, nicht mithalten zu können.

Das einfache wie probate Mittel gegen diesen Zustand ist es, solche Menschen zu meiden und sich stattdessen mit Freunden zu umgeben, die Wärme, Offenheit und Hilfsbereitschaft ausstrahlen. Sie werden feststellen, wie viel wohler Sie sich in der Nähe dieser Menschen fühlen. Suchen

Sie sich also die richtigen Freunde. Das Leben ist zu kurz, um es mit unangenehmen Menschen zu verbringen!

**Woran erkennt man gute Freunde?**

☺ Ein Freund ist für einen da, wenn man Hilfe braucht.

☺ Ein Freund tröstet, wenn es einem schlecht geht.

☺ Echte Freundschaften funktionieren in guten und in schwierigen Zeiten.

☺ Einen echten Freund kann man auch morgens um 4:00 Uhr anrufen, wenn einem danach ist.

☺ In der Gegenwart eines echten Freundes fühlt man sich sicher und gut aufgehoben.

☺ Ein echter Freund mag uns, obwohl er unsere Fehler kennt.

☺ Vor einem echten Freund muss man sich nicht verstellen oder „zusammenreißen".

☺ Ein echter Freund versucht nicht zu beweisen, dass er uns überlegen ist.

☺ Ein echter Freund versucht nicht ständig zu beweisen, dass er im Recht ist.

**Tipp:**

Verschwenden Sie keine Zeit mit Menschen, in deren Gegenwart Sie sich unwohl fühlen. Es gibt viele andere Menschen, die, genau wie Sie, an einem offenen und herzlichen Umgang mit anderen interessiert sind. Sie müssen sich auch keine Gedanken darüber machen, dass bestimmte Menschen „eigentlich" ganz nett sind, oder darüber, ob es vielleicht an Ihnen selbst liegt, dass es nicht gut funktioniert. Wenn SIE sich in Gegenwart eines Menschen nicht gut fühlen, ist es nicht der richtige Freund für Sie. So einfach ist das.

**Zitat:**

*Wirklich gute Freunde sind Menschen, die uns ganz genau kennen, und trotzdem zu uns halten.*

*(Marie von Ebner-Eschenbach)*

# Prophezeiungen, die wahr werden

Es gibt im Bereich der Psychologie und Soziologie einen ganz erstaunlichen Effekt, der sich „Selbsterfüllende Prophezeiung oder Englisch, „Self-fulfilling Prophecy", nennt. Wer den Effekt der selbsterfüllenden Prophezeiung für sich nutzen kann, hat damit ein äußerst mächtiges Mittel an der Hand, um seine Ziele zu erreichen.

Der von dem Soziologen Robert K. Merton geprägte Name des Effekts beschreibt im Prinzip schon, worum es geht. Der Effekt der selbsterfüllenden Prophezeiung besteht nämlich darin, dass die Wahrscheinlichkeit, dass ein bestimmtes Ergebnis einer Handlung eintritt, sehr stark davon abhängt, was der Betreffende <u>erwartet</u>.

Erwartet eine Person, zum Beispiel dass sie bei einer Prüfung versagt, wird dies mit großer Wahrscheinlichkeit auch eintreffen. Es gilt aber auch der umgekehrte Fall: Erwartet die Person, dass sie die Prüfung erfolgreich abschließt, wird auch das sehr wahrscheinlich passieren.

Es ist also die Erwartung, dass ein bestimmtes Ergebnis eintritt, die maßgeblich dazu beiträgt, dass das auch tatsächlich passiert. Wer glaubt, dass er eine Situation erfolgreich meistern wird, wird das sehr wahrscheinlich auch schaffen. Aber: Wer glaubt, dass er versagen wird, wird sehr wahrscheinlich auch tatsächlich versagen!

*Ganz gleich, ob Sie glauben, etwas zu schaffen oder dabei zu versagen: Sie werden (fast) immer recht behalten!*

Vielen von uns ist es schon zur Gewohnheit geworden, negative Voraussagen für unser eigenes Handeln zu machen. Oft steckt dahinter der Gedanke, dass es so einfacher ist, sich selbst und andere nicht zu enttäuschen, wenn man etwas nicht schafft. Aufgrund des Effekts der selbsterfüllenden

Prophezeiungen führt diese „Vorsichtsmaßnahme" aber leider oft genug dazu, den negativen Ausgang einer Handlung erst zu bewirken.

Sie sollten also in jedem Fall vermeiden, negative Voraussagen zu Ihren Handlungen zu machen. Ersetzen Sie die negativen Voraussagen durch positive oder zumindest neutrale, um die Wahrscheinlichkeit Ihres Erfolgs zu erhöhen.

Das ist zu Beginn gar nicht so einfach, denn das Motto „Das Schlimmste annehmen und das Beste hoffen!" ist tief in unserem Denken verankert.

**Beispiele:**

Schlecht:

    *„Das schaffe ich sowieso (wieder) nicht."*

Besser:

    *„Ich werde das schon (irgendwie) schaffen!"*

    *„OK, das wird nicht ganz leicht. Aber ich versuche es trotzdem!"*

    *„Mehr als schiefgehen kann es ja nicht."*

    *„Selbst, wenn es nicht klappt, habe ich es wenigstens versucht."*

**Zitat:**

*„Wir sind, was wir denken. Alles, was wir sind, entsteht aus unseren Gedanken. Mit unseren Gedanken erschaffen wir die Welt."*

*(Buddha)*

## Stoppen Sie unnötige Selbstverbesserungsversuche

Unsichere Menschen haben häufig das Bedürfnis nach „Selbstverbesserung". Und weil das im 21. Jahrhundert besser klingt, nennt man das heute „Self-Improvement". Self-Improvement wird in vielen verschiedenen Bereichen des Lebens propagiert:

- Aussehen
- Fitness
- Gesundheit
- Sprachkenntnisse
- Medienkompetenz
- Leistungssteigerung
- Networking

Auch Arbeitgeber und Medien vermitteln uns tagtäglich fast schon gebetsmühlenartig mit Begriffen wie „lebenslanges Lernen", „höhere Mobilität", „Flexibilität" etc. den Eindruck, dass wir ständig daran arbeiten müssten, unsere Fähigkeiten, unser Aussehen und unsere sozialen Aktivitäten zu verbessern oder zu optimieren.

Entsprechend dazu gibt es auf dem Buchmarkt und im Internet zahllose Angebote zum Self-Improvement. Ganz gleich, ob Arbeitseffizienz oder Business-Englisch. Es entsteht der Eindruck, als ob der Einzelne dazu verpflichtet wäre, ständig an der Optimierung seiner Leistungsfähigkeit zu arbeiten.

Dabei spielt es keine Rolle, ob derjenige als Lehrer, als Verkäufer oder als Physik-Professor arbeitet. Jeder soll sich permanent weiterbilden, seine Fähigkeiten und Eigenschaften optimieren.

Es geht auch nicht darum, ob die Selbstverbesserung glücklicher, erfüllter oder zufriedener macht. Sie soll vor allem dazu dienen, effektiver und profitabler zu arbeiten. Die Selbstverbesserung nützt also vor allem Ihrem Arbeitgeber oder den Unternehmen, die die entsprechenden Produkte verkaufen. Sie selbst haben meist nur wenig davon.

Und das endet ja nicht bei den Fähigkeiten, die im Berufsleben gebraucht werden. Auch private Bereiche werden davon erfasst. Das gilt insbesondere für „Verbesserungen", die am eigenen Körper vorgenommen werden sollen. Ein perfekter Body-Mass-Index wird fast schon als selbstverständlich vorausgesetzt. Dazu müssen aber auch die perfekte Haut, das perfekte Haar und die perfekten Zähne kommen. Je nachdem, in welchem Umfeld Sie sich bewegen, können die Anforderungen sehr unterschiedlich sein. Gemeinsam ist solchen Zwängen aber, dass man sich an sie anpassen und sich selbst verändern muss, um dazuzugehören.

Eine ganze Industrie lebt davon, Schönheit, oder das, was dafür gehalten wird, zu verkaufen. Wie verrückt das sein kann, sieht man daran, dass der gleiche Kosmetikkonzern, der in Nordeuropa Kosmetika verkauft, die die Haut gebräunter und „gesünder" aussehen lassen, im Süden Mittel verkauft, die die Haut möglichst weiß und „gesünder" aussehen lässt. Ungesunde Nebenwirkungen haben beide Präparate.

Sie müssen bei diesem Spiel allerdings nicht mitmachen. Nicht jeder muss ein Computer- oder Facebook-Profi sein. Nicht jeder muss die perfekten Business-Etikette im Umgang mit asiatischen Geschäftspartnern beherrschen. Und auch nicht jeder muss einen perfekten Körper haben.

**Mein Rat:**

Arbeiten Sie an sich, wenn das Ergebnis Ihrer Gesundheit zugutekommt.

Wenn Sie übergewichtig sind, macht es Sinn, daran zu arbeiten, Gewicht zu verlieren. Auch das Rauchen aufzugeben oder häufiger Sport zu treiben sind Formen der Selbstverbesserung, die Ihnen selbst tatsächlich nützen.

Es kann auch viel Spaß machen, eine neue Fremdsprache zu erlernen oder die eigenen Englischkenntnisse zu verbessern. Allerdings nur dann, wenn Sie das wirklich wollen und wenn es Ihnen Freude bereitet.

Andere „Selbstverbesserungen" wie das Bleichen von Zähnen, um ein „unwiderstehliches Lächeln" zu erlangen, oder das Tragen einer Zahnklammer, um im Erwachsenenalter noch minimale Fehlstellungen zu korrigieren, sind da schon eher zweifelhaft. Genauso, wie sich täglich mit Widerwillen zum Training zu quälen, nur, um eine „perfekte" Bikinifigur zu erlangen. Und auch das schlechte Gewissen und das Kalorienzählen bei jedem Stück Schokolade tun Ihnen nicht gut.

Lassen Sie sich nicht vorschreiben, was „normal" oder „optimal" ist und richten Sie sich nicht nach den Erwartungen Ihrer Vorgesetzten, Kollegen, Familie oder Freunde. Insbesondere dann nicht, wenn es Ihnen keinen Spaß macht und nicht guttut!

# Vergessen Sie die „Vorbilder" aus den Medien

Für Kinder und Heranwachsende ist es völlig normal und auch wichtig, sich an Vorbildern orientieren zu können. Während das im Kleinkindalter noch fast ausschließlich Eltern und ältere Geschwister sind, kommen später immer mehr Vorbilder von außerhalb der Familie hinzu. Ab einem gewissen Alter sind das auch immer häufiger nicht reale Vorbilder. Zum Beispiel Fantasiefiguren wie Harry Potter oder Superman.

Mit zunehmendem Alter treten „reale" Personen, wie Schauspieler oder Musiker an die Stelle der Identifikationsfiguren. Doch hier lauern auch bereits die ersten Gefahren. Die genannten Personen bzw. die Rollen, die sie spielen, werden in den Medien oft stark idealisiert dargestellt. Das heißt, diese „Vorbilder" entsprechen nicht nur zu 100 % den gängigen Schönheitsidealen, sondern sind gleichzeitig auch extrem erfolgreich, schwimmen im Geld und haben scheinbar keinerlei Probleme.

Noch schlimmer sind meines Erachtens die sogenannten „Reality-Formate" oder „Dokusoaps", die meist von den Privatsendern ausgestrahlt werden. Während es bei den Stars aus dem Kino oder bei weltweit erfolgreichen Musikern noch relativ leicht fällt, zwischen Schein und Realität zu unterscheiden, ist das bei den Reality-"Stars" oft nicht mehr der Fall.

Hier wird mit Absicht der Eindruck erweckt, dass es sich um ganz „normale" Menschen handelt, die allerdings immer extrem gut aussehend und oft noch dazu „stinkreich" sind. Diese Menschen haben in der Regel in ihrem Leben nichts geleistet, was irgendwie erwähnenswert wäre. Trotzdem werden sie äußerst geschickt vermarktet und als erstrebenswerte Vorbilder verkauft.

Reality-Stars wie Kim Kardashian, oder Daniela Katzenberger erscheinen besonders jungen Frauen als Vorbilder, denen sie möglichst gleichen möchten. Aber gerade Menschen mit geringem Selbstbewusstsein können von solchen „Vorbildern" auch erdrückt werden. Ganz gleich, was sie auch anstellen, sie können niemals so gut aussehen, ein so luxuriöses Leben führen oder so berühmt sein, wie die Vorbilder.

Ganz im Gegenteil, dadurch, dass in den (sozialen) Medien ununterbrochen über die sogenannten Stars berichtet wird, erscheinen einem das eigene Leben, die eigenen Leistungen und das eigene Aussehen umso unzureichender. Jugendliche und Heranwachsende sind davon naturgemäß in besonderem Maße betroffen. Aber auch viele Erwachsene vergleichen ihr eigenes Leben immer häufiger mit der Scheinwelt der sogenannten *Stars* und „Influencer".

Nicht umsonst steigt zum Beispiel die Zahl überflüssiger Schönheitsoperationen in Industrienationen wie den USA und in Europa von Jahr zu Jahr. Auch in Deutschland legen sich immer häufiger Menschen freiwillig „unters Messer", um fragwürdigen Schönheitsidealen zu entsprechen. Untersuchungen zeigen, dass sich nicht wenige, dafür sogar so hoch verschulden, dass sie kaum in der Lage sind, ihre für die OPs aufgenommenen Kredite je wieder zurückzuzahlen!

Nicht wenige, insbesondere junge, Menschen werden unglücklich, weil sie spüren, dass sie niemals so sein und leben können, wie ihre Idole.

Häufige Vorstellungen sind:

*„Ich muss so sein, wie die im Fernsehen!"*

*„Ich muss so aussehen, wie die bei YouTube!*

*„Ich muss für meinen Instagram-Account toll aussehen!"*

*„Ich werde nie so erfolgreich sein, wie dieser Influencer."*

Machen Sie sich klar, dass die idealisierten Vorbilder aus den Medien in der Realität nicht existieren. Werden Sie sich darüber bewusst, dass es sich dabei um nichts anderes handelt, als um eine inszenierte Scheinwelt, die von den Medienmachern erdacht wurde, um Menschen wie Sie und mich an die verschiedenen Geräte zu locken und mithilfe hoher Einschaltquoten oder vieler Klicks eine Menge Geld durch Werbeeinnahmen zu verdienen.

Mit der Realität hat das alles gar nichts zu tun und erstrebenswert sind die oftmals bizarren Lebensverhältnisse der dargestellten Personen ebenfalls nicht. Das zeigt sich übrigens bei vielen der Stars und Sternchen dann, wenn sie aus irgendwelchen Gründen, die Gunst des Publikums oder der Werbekunden verlieren. Nicht selten tingeln sie dann als B- oder C-Promis durch Einkaufszentren und Möbelhäuser, um ihren Lebensunterhalt zu verdienen oder um ihre Schulden abzutragen. Kein Mensch geht freiwillig in ein „Dschungelkamp", wenn er das Geld dafür nicht wirklich dringend (!) bräuchte. Die Teilnehmer sind oft keineswegs erfolgreich, sondern schlicht verzweifelt.

**Vorsicht Photoshop!**

Photoshop ist eine beliebte Bildbearbeitungssoftware, die unter anderem überall da zum Einsatz kommt, wo es darum geht, die Vorbilder und Werbeikonen aus Film- Fernseh- und Modewelt ein wenig (oder auch erheblich) zu verschönern.

Mit Photoshop werden aus ganz normal - oder gar unterdurchschnittlich - aussehenden Menschen, die makellosen, schönen und glänzenden Models und Stars, die wir alle kennen. Mit Photoshop werden nicht nur

Hautunreinheiten (oder ganz ordinäre „Pickel") entfernt, gelbe Zähne strahlend weiß gefärbt oder peinliche Schweißflecken unter den Achseln zum Verschwinden gebracht. Vielmehr verschwinden mithilfe dieser Software magischerweise auch überflüssige Pfunde oder fettige Haare. Fallen einem Model wegen zigfacher künstlicher Haar-Verlängerungen die eigenen Haare aus, erscheinen sie mithilfe von Photoshop trotzdem so schön und gepflegt wie immer.

Das Ganze geht so weit, dass viele Stars ungeschminkt im realen Leben von ihren Fans gar nicht mehr erkannt werden, weil sie so „gewöhnlich" aussehen. Wenn Sie mal einen Blick auf diese nicht ganz so schöne private Seite der Stars erhaschen möchten, werden Sie vor allem in englischsprachigen Zeitungen wie zum Beispiel der „Daily Mail" fündig. Diese Publikationen sind zum Teil gnadenlos, wenn es darum geht, einen Star in einer privaten und ungeschönten Situation zu zeigen.

Die Ergebnisse sind oft erschreckend, die Stars sehen auf den Fotos in manchen Fällen so „unterirdisch" schlecht aus, dass man sich nur wundern kann, wie sie es überhaupt möglich ist, sie in der allgemein bekannten strahlenden und schönen Variante zu verwandeln.

**Tipp:**

Lassen Sie sich nicht für dumm verkaufen. Gut auszusehen, ist sicher angenehm, aber keine wirkliche Leistung, auf die man stolz sein sollte. Im wahren Leben - und das ist das, in dem wir fast alle unsere Zeit verbringen - kommt es auf wichtigere Werte an, als auf Aussehen und schicke Klamotten.

Im wahren Leben treffen wir auf „echte" Menschen mit all ihren Vor- und Nachteilen. Die allermeisten davon sehen nicht aus wie Supermodels und so gut wie keiner verdient eine Menge Geld, ohne dafür wirklich etwas zu leisten.

Und eins ist absolut sicher: Der Versuch, den genannten „Vorbildern" nachzueifern, macht unzufrieden, unglücklich und beschädigt das Selbstbewusstsein mehr als Sie glauben.

Das haben Sie doch gar nicht nötig. Ich wette, Sie haben in Ihrem Leben schon eine Menge mehr geleistet als die allermeisten Reichen und Schönen in ihrer bizarren Scheinwelt. Und <u>darauf</u> können Sie wirklich stolz sein!

# Aus **Fehlern** wird man klug

Haben Sie schon einmal einen Fehler gemacht? Natürlich, jeder macht Fehler. Das Problem ist, dass Menschen mit geringem Selbstbewusstsein jeden Fehler als persönliches Versagen deuten. Oft haben sie in ihrem Leben gelernt, dass Fehler etwas Schlechtes sind. Sie haben Angst davor, Fehler zu machen, und nicht selten versuchen sie deshalb, Fehler vor anderen zu verbergen.

Oft ist das Eingestehen eines Fehlers der Auslöser für eine Gedankenspirale:

☹    *„Was habe ich da nur wieder gemacht?"*

☹    *„Mir passiert immer wieder so etwas."*

☹    *„Ich kann aber auch gar nichts richtig machen."*

☹    *„Ich bin einfach unbegabt für ..."*

☹    *„Ich bin genau wie mein Vater/meine Mutter."*

Je geringer das Selbstvertrauen ist, desto häufiger führen Fehler zu weiterem ungünstigen Verhalten. Die Betroffenen werden übermäßig vorsichtig und trauen sich nicht mehr an neue Dinge heran. Nicht selten kommt es auch zu unlogischen Reaktionen wie Selbstbestrafung (weil ich einen Fehler gemacht habe, darf nicht ...) oder zum Rückfall in kindliche Verhaltensweisen (Rückzug, „Schmollen", Angst vor Bestrafung, Angst vor Liebesentzug).

Dabei ist das System von Ausprobieren - Fehler machen - Korrigieren - erneut Ausprobieren, ein wesentlicher Bestandteil jeder Form von erfolgreichem Leben und Arbeiten. Das ganze System der Evolution basiert darauf und jedes Unternehmen, das am Markt erfolgreich sein will, kann auf keinen Fall darauf verzichten.

Am Beispiel großer Unternehmen kann man sehr gut erkennen, wohin es führt, wenn nichts Neues mehr gewagt und aus Fehlern nicht mehr gelernt wird. Ein Unternehmen, das seinen Mitarbeitern keine Möglichkeit gibt, Neues auszuprobieren, oder eines, das Mitarbeitern keine Chance gibt, aus Fehlern zu lernen, kann auf Dauer nicht überleben.

**Zitat:**

*Den größten Fehler, den man im Leben machen kann, ist, immer Angst zu haben, einen Fehler zu machen.*

*(Dietrich Bonhoeffer, deutscher Theologe)*

Betrachten Sie Fehler als das, was sie sind, nämlich Gelegenheiten, etwas Neues zu lernen. Es ist nicht schlimm, Fehler zu machen. Denken Sie einmal daran, wie Kinder neue Dinge erlernen, wenn sie von ihren Eltern nicht daran gehindert werden. In den meisten Fällen geschieht dies einfach durch Ausprobieren. Kinder lernen Laufen, indem sie es versuchen und dabei Hunderte von Malen hinfallen. Ebenso oft stehen sie dann wieder auf und versuchen es erneut, so lange, bis sie ohne Hilfe laufen können, ohne zu stürzen.

**Positiver Nutzen aus Erfolg:**

- ☺ Selbstbestätigung
- ☺ Freude
- ☺ Selbstsicherheit
- ☺ Mut
- ☺ Energie

**Positiver Nutzen aus Fehlern:**

☺ Erfahrung

☺ Ausschließen falscher Wege

☺ Mehr Sicherheit

☺ Vermeidung des gleichen Fehlers in der Zukunft

☺ Ideen für ein Erfolg versprechenderes Vorgehen

☺ Das gute Gefühl, es (wenigstens) versucht zu haben

Sie sehen, das Fehlermachen hat viele gute Konsequenzen für den, der sich die positive Kraft von Fehlern zunutze machen kann. Befreien Sie sich von der Vorstellung, dass Fehler etwas Böses sind. Diese Regel für die Behandlung von Fehlern, die Ihnen vielleicht von Eltern oder Lehrern beigebracht wurde, gilt nicht mehr, wenn Sie erwachsen sind!

*Keine Fehler macht nur derjenige, der nie etwas wagt, oder der, der einfach gar nichts tut!*

Fehler sind vor allem niemals ein Grund sich selbst zu beschimpfen. Gehen Sie liebevoll mit sich um, trösten Sie sich selbst und freuen Sie sich darüber, etwas gelernt zu haben, das Ihnen dabei hilft, es in Zukunft besser zu machen. Das ist zu Beginn nicht immer einfach. Es wird aber von Mal zu Mal leichter. Wie alle neuen Verhaltens- und Denkweisen muss auch der positive Umgang mit Fehlern erst einmal gegen die Trägheit unserer gewohnten, ungünstigen Einstellungen trainiert werden.

## Tipp

Legen Sie ein Fehlerbuch an, oder - wenn Sie ohnehin ein Tagebuch führen - tragen Sie Schlussfolgerungen aus Fehlern, die Ihnen in der Zukunft noch nützlich sein können, in Ihr Tagebuch ein.

Das ist ein Vorgehen, das zum Beispiel für Wissenschaftler völlig selbstverständlich ist. Keine Errungenschaft der modernen Wissenschaft wäre zustande gekommen, wenn nicht eifrige Wissenschaftler penibel die Fehlschläge jeder einzelnen Versuchsreihe notiert hätten, um die gleichen Fehler zukünftig zu vermeiden.

**Zitat**

*Wenn ich mein Leben noch einmal leben könnte, würde ich die gleichen Fehler machen. Aber ein bisschen früher, damit ich mehr davon habe.*

*(Marlene Dietrich)*

## Vermeiden Sie die Facebook-Falle

Ein probates Mittel, um sich selbst schlechter zu fühlen, ist es, sich in sozialen Netzwerken, wie Facebook oder Instagram aufzuhalten. Hier hat scheinbar jeder andere viel mehr Freunde als man selbst. Alle fühlen sich super und posten die aufregendsten und tollsten Dinge, die sie mit ihren - natürlich gut aussehenden - Partnern und ihren perfekten Kindern unternehmen.

Gleich, ob bei Facebook, Twitter oder Instagram, scheinbar bekommen alle anderen Teilnehmer ständig Liebeserklärungen in Form von Herzchen, Gedichten und Songtexten. Alle sind erfolgreich und veröffentlichen natürlich ihre Erfolge in epischer Breite in einem Netzwerk, das nichts Besseres zu tun hat, als die frohen Botschaften sofort an alle, irgendwie verbundenen Personen weiterzuleiten.

Wie machen die das bloß alle? Woher nehmen die eigentlich die Zeit, um jedes kleinste Vorkommnis umgehend durch einen Tweet und großartige Fotos zu verbreiten? Sind wir selbst, denn die Einzigen, die noch arbeiten müssen, um die nächste Miete zu bezahlen? Gerade wenn wir uns selbst unsicher und vielleicht ungeliebt fühlen, können einem diese Dinge leicht das Gefühl vermitteln, dass es allen anderen viel besser geht, als uns selbst. Und das führt natürlich dazu, dass wir uns noch schlechter fühlen!

Viele Meldungen auf Facebook & Co. geben uns darüber hinaus auch noch das Gefühl, niemals mit den anderen Teilnehmern mithalten zu können. Das gilt sowohl für den Job, das Einkommen, die intelligenten und hübschen Kinder, die großartigen Urlaube und noch vieles mehr, was bei den anderen völlig normal zu sein scheint.

**Beispiel**

Sabrina B. berichtet:

> *„Abends schaue ich immer nach, was meine Kontakte den Tag über gepostet haben. Wenn ich dann sehe, was die alles machen und welche tollen Fotos sie posten, bin ich irgendwie traurig, weil das bei mir nicht so ist. Ich nehme mir dann vor, am Wochenende irgendwo hinzufahren, wo man auch so schöne Fotos machen kann."*

Es gibt drei wichtige Gründe, warum Sie sich durch die Postings bei Facebook oder Instagram nicht beeinflussen lassen sollten:

**1. Soziale Netzwerke spiegeln nicht die Realität wider.**

Ohne so weit gehen zu wollen, zu behaupten, dass die Teilnehmer in sozialen Netzwerken schlicht lügen (obwohl das viele tatsächlich tun), zeigen die Menschen in der Regel nur einen kleinen Teil ihrer Wirklichkeit.

Auf Facebook zeigen sich die Menschen so, wie sie gerne sein möchten, aber nicht, wie sie tatsächlich sind. Negative Dinge werden hier einfach ausgeblendet. Es ist eben viel angenehmer zu berichten, dass man einen schönen Blumenstrauß bekommen hat, als darüber, dass dieser eine Wiedergutmachung für ein krasses Fehlverhalten des eigenen Partners war.

**2. Kein Mensch hat 200 Freunde!**

Was die scheinbar riesige Anzahl von Freunden betrifft, die einige Teilnehmer im Laufe ihrer Mitgliedschaft sammeln, können Sie beruhigt davon ausgehen, dass mindestens 90% davon, erst durch einen Mausklick zu „Freunden" geworden sind.

Es ist ja in vielen Netzwerken geradezu eine Frage der Ehre, möglichst viele Namen in der Kontaktliste zu haben. Wirkliche Freunde dürften davon allerdings nur die wenigsten sein. Überlegen Sie, wie oft Sie selbst schon *Freundschaftsanfragen* von Menschen bekommen haben, die Sie kaum oder sogar gar nicht kannten.

**3. Sich mit anderen zu vergleichen, macht unglücklich.**

Das gilt bei Facebook genauso, wie im übrigen Leben. Sich mit anderen zu vergleichen, führt unweigerlich zu Unzufriedenheit und Selbstzweifeln. Man kann das gar nicht oft genug wiederholen. Vergleichen Sie sich nicht mit anderen. Auch wenn es Ihnen noch so gut geht. Danach werden Sie sich garantiert schlechter fühlen!

**Die heile Welt ist nicht real!**

Sie sehen, die schöne heile Welt, die viele Teilnehmer in sozialen Netzwerken inszenieren, entspricht nur in den wenigsten Fällen der Realität. Behalten Sie das im Hinterkopf, wenn Sie bei Facebook & Co. unterwegs sind. Nützlicher und für das Selbstbewusstsein viel besser, sind „echte" Freunde, mit denen Sie abends ausgehen können.

Wenn Sie danach nach Hause zurückkommen, können Sie ja auf Ihrer Facebook-Seite posten, wie schön der Abend war.

# Behandeln Sie sich selbst wie Ihren besten Freund

Viele von uns haben ein großes Herz und sind sofort zu Stelle, wenn es darum geht, einem Freund oder sogar Fremden in einer schwierigen Lage zu helfen. Sie verzeihen Fehler anderer und sprechen ihnen Mut zu.

Es ist aber nicht selten, dass die gleichen Menschen sich selbst gegenüber hart und unerbittlich sind. Statt sich selbst zu trösten und aufzumuntern, wenn es ihnen schlecht geht, beschimpfen oder bestrafen sie sich selbst. Wie nicht anders zu erwarten, führt dieses Verhalten dazu, dass sie sich schlecht und wertlos fühlen. Es gibt aber ein gutes Mittel dagegen:

Stellen Sie sich vor, Sie treffen einen guten Freund, der sehr niedergeschlagen ist. Er hat das Gefühl, dass er „nichts wert sei" und nichts wirklich gut könne. Er ist so verzweifelt, dass er nicht mehr weiter weiß. Denken Sie einmal darüber nach, was Sie Ihrem Freund antworten würden. Wie würden Sie ihm zeigen, dass er keineswegs wertlos ist und über viele liebenswerte Eigenschaften und Fähigkeiten verfügt?

**Wie gehen Sie mit einem guten Freund um?**

☺  Sie sind für ihn da, wenn er Sie braucht.

☺  Sie trösten ihn, wenn er traurig ist.

☺  Sie helfen ihm, wenn er Hilfe benötigt.

☺  Sie muntern ihm auf, wenn er deprimiert ist.

☺  Sie zeigen Verständnis für Fehler, die er gemacht hat.

☺  Sie machen ihm Mut.

☺  Sie loben ihn für seine Tapferkeit.

☺    Sie machen ihm ein Kompliment, um ihn aufzumuntern.

☺    Sie stehen ihm gegenüber anderen bei.

☺    Sie zeigen sich ihm gegenüber tolerant.

☺    Sie respektieren ihn.

☺    Sie schenken ihm etwas, um ihm eine Freude zu machen.

Stellen Sie sich nun vor, dass <u>Sie selbst</u> dieser Freund sind. Was würden Sie in dieser Situation zu sich selbst sagen? Wie könnten Sie sich selbst davon überzeugen, dass Sie ein äußerst wertvoller Mensch sind?

## Zitat:

*Kein besseres Heilmittel gibt es im Leid als eines edlen Freundes Zuspruch.*

*(Euripides, klassischer griechischer Autor)*

## Tipp:

Seien Sie nicht so hart mit sich selbst. Gehen Sie mit sich selbst um, wie mit einem sehr guten Freund. Verzeihen Sie sich Fehler und belohnen Sie sich stattdessen für gute Leistungen. Lenken Sie Ihre Aufmerksamkeit auf ihre guten Eigenschaften und Fähigkeiten. Beides wirkt sich positiv auf Ihr Selbstbewusstsein aus!

# 3. PRAKTISCHE ANLEITUNGEN

Theoretisches Grundwissen ist wichtig, um zu verstehen, woher mangelndes Selbstbewusstsein rührt und welche grundlegenden Veränderungen in unserem Denken stattfinden müssen, um eine selbstbewusstere Einstellung zu uns selbst und zum Leben allgemein zu entwickeln.

Doch wenn es darum geht, hier und jetzt damit zu beginnen, selbstbewusster aufzutreten und zu handeln, benötigen wir zusätzlich konkrete Anleitungen, mit deren Hilfe wir unser neues selbstbewusstes Auftreten einüben können.

Sie finden im Folgenden Anleitungen zu allen für das Thema Selbstbewusstsein relevanten Bereichen:

**Selbstbewusst handeln = selbstbewusst sein!**

Sie erfahren, warum es so wichtig ist, sich bereits selbstbewusst zu verhalten, <u>bevor</u> man es wirklich ist.

**Sofort-Methode vs. 30-Tage - Methode**

Sie erfahren, warum Sie manche Tipps und Anleitungen sofort in die Tat umsetzen können, und warum es doch länger dauert, bis Sie Änderungen dauerhaft verinnerlicht haben.

**So erreichen Sie Ihre Ziele!**

Sie erfahren, welche Mittel, Wege, Tipps und Tricks es gibt, um ein Ziel zu erreichen und um sich den Weg dorthin so leicht wie möglich zu machen.

**So wirken Sie <u>sofort</u> selbstbewusst!**

Sie erfahren, welche Tricks Sie anwenden können, um schon heute selbstbewusster aufzutreten, und nicht erst in 4 Wochen. Diese Tipps sind ideal als Vorbereitung, wenn Ihr Date, Ihr Vorstellungsgespräch oder ein wichtiges Treffen bereits kurz bevorsteht.

**Kleidung und Aussehen**

Sie erfahren, wie wichtig die Wahl der richtigen Kleidung ist und wie Sie allein durch klug ausgesuchte Kleidung viel selbstbewusster wirken.

**Body Language (Körpersprache)**

Sie erfahren, wie Sie Ihre Körpersprache, Gestik und Mimik gezielt einsetzen können, um selbstbewusster zu wirken und um sich selbstbewusster zu fühlen!

**Selbstbewusstes Sprechen**

Sie erfahren, wie wichtig, das richtige Sprechen für Ihr Selbstbewusstsein ist. Nutzen Sie die Tricks der Sprechprofis, um souverän und selbstsicher aufzutreten.

**Selbstbewusst durch/beim Small Talk**

Sie erfahren, wie Sie beim Small Talk selbstsicher auftreten und bei Ihren Gesprächspartnern einen selbstbewussten Eindruck hinterlassen.

**Selbstbewusst durch Schlagfertigkeit**

Sie erfahren, wie Sie in unterschiedlichsten Situationen mithilfe schlagfertiger Antworten unangemessene Kritik und dumme Bemerkungen an sich abprallen lassen.

## Selbstbewusst ist, wer sich selbstbewusst verhält!

Untersuchungen haben gezeigt, dass der größte Teil des ausgestrahlten Selbstvertrauens einer Person vor allem darauf basiert, wie diese sich verhält, sich bewegt und spricht. Das ist an sich noch nicht wirklich überraschend. Das Interessante daran ist etwas anderes:

Forscher haben nämlich herausgefunden, dass das Ganze auch umgekehrt funktioniert! Es ist nicht nur so, dass selbstbewusste Menschen sich auf eine bestimmte Art und Weise verhalten, sondern auch so, dass sich Menschen, die dieses Verhalten <u>imitieren</u>, selbstbewusster fühlen und auf andere selbstbewusster wirken!

Wir haben hier also eine Möglichkeit, mit einfachen Mitteln zu mehr Selbstvertrauen zu gelangen. Und das Beste daran ist, dass Sie dafür weder ein langes Programm durchlaufen müssen noch in der Vergangenheit nach den Ursachen Ihres mangelnden Selbstvertrauens suchen müssen. Denn, sich so verhalten, als sei man selbstbewusst, kann jeder innerhalb kürzester Zeit erlernen.

Genauso wichtig ist das Folgende:

*Für selbstbewusst gehalten, wird der, der sich selbstbewusst verhält!*

Damit wird die Außenwirkung selbstbewussten Verhaltens beschrieben. Ihren Mitmenschen ist es nämlich völlig gleichgültig, ob Sie tief in Ihrem Inneren zu 100 % von sich überzeugt sind oder nicht. Vielmehr werden Sie aufgrund Ihres nach außen sichtbaren Verhaltens eingeschätzt. Verhalten Sie sich selbstbewusst, sind auch Ihre Mitmenschen davon überzeugt, dass Sie es tatsächlich sind.

Sie können sich auf diese Weise innerhalb kurzer Zeit ein Auftreten aneignen, das nicht nur dazu führt, dass andere Sie für selbstsicher halten, sondern, dass auch dabei hilft, dass Sie selbst tatsächlich selbstbewusster werden.

# Die Sofort-Methode

Dauerhafte Veränderungen brauchen Zeit und es wäre unseriös, etwas anderes zu behaupten. Trotzdem gibt es gerade beim Thema Selbstbewusstsein eine ganze Reihe von Tipps und Tricks, mit deren Hilfe man <u>sofort</u> selbstsicherer und selbstbewusster auftreten kann.

Es handelt sich dabei vor allem um solche Verhaltensweisen, die für selbstbewusste Menschen typisch sind. Man lernt also, selbstbewusst zu wirken, indem man sich einfach so verhält, wie es auch selbstbewusste Menschen tun. Das beginnt bei der Kleidung und endet nicht, bei der Art und Weise des Sprechens. Gestik und Mimik gehören genauso dazu, wie die Fähigkeit, Kritik an sich abprallen zu lassen. Auch einige Sätze und Tricks zum Thema Small Talk sind hilfreich, um sich in kurzer Zeit für einen selbstbewussten Auftritt fit zu machen.

## Wichtig:

Vergessen Sie nicht, dass es sich beim Anwenden der Selbstbewusstseinstricks nicht nur um Schauspielerei handelt. Vielmehr besteht eine beiderseitige Wechselbeziehung zwischen selbstbewusst handeln und selbstbewusst sein. Das heißt, wenn Sie sich selbstbewusst verhalten, werden Sie sich auch selbstbewusst fühlen. Im Laufe der Zeit wird sich das praktizierte selbstbewusste Verhalten positiv auf Ihr Selbstvertrauen und Ihr Selbstwertgefühl auswirken, sodass Sie am Ende tatsächlich selbstbewusster sein werden.

## Übrigens:

Nicht wenige Menschen, die Ihnen im Alltag selbstbewusst und selbstsicher begegnen, machen es ganz genauso. Für viele ist selbstbewusstes Auftreten nach außen eine Selbstverständlichkeit, die sie oft schon als Kind erlernt haben. Die meisten dieser Menschen sind im Grunde nicht selbstbewusster als Sie selbst. Sie werden nur für selbstbewusster gehalten, weil sie wissen, wie sie sich verhalten müssen, um selbstbewusst zu wirken.

# Die 30 Tage - Methode

Unser Leben wird bestimmt von Gewohnheiten. Daran ist nichts Schlechtes. Ganz im Gegenteil: Viele Dinge tun wir gewohnheitsmäßig, ohne weiter darüber nachzudenken, weil es unpraktisch wäre, unsere ganze Aufmerksamkeit darauf zu verwenden.

Dadurch, dass viele Gewohnheiten fast wie von selbst ablaufen, entbinden sie unser Gehirn davon, weiter darüber nachzudenken und ständig darüber Buch zu führen, ob wir eine Sache bereits erledigt haben oder nicht.

Gewohnheiten spielen auch für unser Projekt, selbstbewusster zu werden, eine große Rolle.

Dabei haben wir es mit zwei Arten von Gewohnheiten zu tun:

1. **Günstige Gewohnheiten**, die uns selbstsicher und stark machen.

2. **Ungünstige Gewohnheiten**, die dazu führen, dass wir uns unsicher und wenig selbstbewusst fühlen.

Um unser Ziel, selbstbewusster zu werden, zu erreichen, müssen wir die ungünstigen Gewohnheiten ablegen und sie durch solche ersetzen, die einen positiven Effekt auf unser Selbstbewusstsein haben.

**Zitat:**

*„Die Gewohnheit ist ein Seil. Wir weben jeden Tag einen Faden, und schließlich können wir es nicht mehr zerreißen."*

*(Thomas Mann, deutscher Schriftsteller)*

# „Ich will so bleiben, wie ich bin!"

Natürlich erzähle ich Ihnen nichts Neues, wenn ich sage, dass das Ablegen negativer Gewohnheiten eine schwierige und anstrengende Sache sein kann. Jeder, der schon einmal versucht hat, das Rauchen aufzugeben, keine Schokolade mehr zu essen oder weniger Zeit vor dem Fernseher zu verbringen, weiß das.

Umgekehrt erweist sich das Aneignen von neuen, guten Gewohnheiten ebenfalls als nicht ganz einfach. Ganz gleich, ob wir uns vornehmen, drei Mal pro Woche Sport zu treiben oder regelmäßig unseren Schreibtisch aufzuräumen: Meist sind die guten Vorsätze schon nach kurzer Zeit verpufft und wie fallen wieder in unsere alten Gewohnheiten zurück.

Es gibt zwei Gründe, warum das so ist:

1. **Die Funktionsweise unseres Gehirns**

   In unserem Gehirn ist die Art und Weise, in der wir auf Ereignisse reagieren, vor allem dadurch festgelegt, nach welchen Mustern wir bisher gehandelt haben. Umso häufiger ein bestimmtes Verhaltensmuster aktiviert wird, desto stärker prägt es sich ein und desto leichter kann es beim nächsten Mal wieder aktiviert werden.

   Im Gehirn selbst werden Gewohnheiten und Handlungsmuster in Form von sogenannten neuronalen Verbindungen gebildet. Dabei handelt es sich um Verbindungen zwischen Nervenzellen. Zellverbindungen, die häufig aktiviert werden, wachsen, während solche, die nicht benutzt werden, schrumpfen oder absterben.

   Ein ganz einfaches Beispiel dafür ist das Klavierspielen. Bei jemandem, der noch nie Klavier gespielt hat, gibt es nur sehr wenige und schwache Nervenverbindungen in den Bereichen des Gehirns, die dafür zuständig sind, dass die einzelnen Finger beider Hände unabhängig voneinander bewegt werden können.

Klavierschüler kennen das Problem: Die Finger lassen sich am Anfang kaum einzeln und gezielt bewegen. Die Bewegungen sind langsam, oft bewegt sich der falsche Finger und drückt dabei eine falsche Taste.

Es gibt aber genau <u>eine einzige</u> Methode, um das Klavierspielen (und auch fast alles andere) zu erlernen. Diese Methode heißt Üben.

2. *Neue Verhaltensweisen lernt man nur durch Einüben!*
Üben heißt in diesem Fall, immer wieder das tun, was das Gehirn und die Finger lernen sollen, nämlich auf der Tastatur spielen. Erst dadurch entstehen im Laufe der Zeit immer mehr neuronale Verbindungen in den Bereichen des Gehirns, die für die Verarbeitung von Musik und zur Koordination der Finger beim Spielen zuständig sind.

Und tatsächlich kann man mithilfe der Computer-Tomografie erkennen, dass diese Bereiche des Gehirns bei Musikern viel besser ausgebildet sind als bei Menschen, die kein Instrument spielen.

Nicht anders verhält es sich beim Einüben neuer Verhaltensweisen, wie Sie sie zum Beispiel in diesem Buch kennenlernen. Durch das Lesen allein können Sie nur erfahren, <u>wie</u> Sie erfolgreich vorgehen können.

Die tatsächlichen Veränderungen in Ihrem Denken und Handeln finden aber erst dann statt, wenn Sie das neue Verhalten immer wieder <u>aktiv</u> einüben. Erst dadurch werden die notwendigen Verknüpfungen im Gehirn geschaffen, die notwendig sind, damit Ihnen das neue Verhalten „in Fleisch und Blut" übergeht.

### *Warum erlernt man eigentlich ungünstiges Verhalten so problemlos?*

Gemeinerweise sind die notwendigen Anstrengungen beim Erlernen vieler ungünstiger und ungesunder Verhaltensweisen viel geringer als beim Erarbeiten neuer selbstbewussterer Gewohnheiten. So benötigen die meisten Menschen keine Unterstützung dabei, regelmäßig Schokolade zu essen, zu rauchen oder Alkohol zu trinken. Ganz im Gegenteil, diese ungesunden Gewohnheiten entwickeln sich oft sogar anscheinend ganz ohne unser Zutun.

Der Grund dafür ist, dass es Dinge gibt, durch die im Belohnungssystem unseres Gehirns sofort bestimmte Botenstoffe (Neurotransmitter), wie zum Beispiel Dopamin, freigesetzt werden. Das Freisetzen dieser Botenstoffe bewirkt, dass wir uns gut fühlen. Sie wirken wie eine Belohnung, die jedes Mal erfolgt, wenn wir bestimmte Dinge fühlen, schmecken oder essen.

Das heißt, immer, wenn wir im Mund die Süße von Schokolade spüren, werden die belohnenden Botenstoffe freigesetzt und wir fühlen uns umgehend ein kleines bisschen glücklicher. Manche dieser Belohnungsverknüpfungen haben wir von Geburt an, andere werden später erlernt.

Ein Beispiel dafür, dass dieses Belohnungssystem bei falschem oder unbedachtem Verhalten auch sehr schädlich sein kann, sind Drogen jeglicher Art. Alle Drogen haben die Eigenschaft, das Belohnungssystem im Gehirn zu aktivieren. Das geschieht zum Beispiel dadurch, dass durch sie bestimmte Glücksbotenstoffe ausgeschüttet werden, oder langsamer abgebaut werden.

Bei manchen Drogen, wie zum Beispiel beim Heroin, kann eine einzige Dosis schon zu starker Abhängigkeit führen. Bei anderen, wie zum Beispiel Alkohol oder Nikotin dauert es etwas länger. Eine Abhängigkeit entsteht hier jedoch bei häufigem Konsum ebenfalls.

Glücklicherweise können wir das Belohnungssystem unseres Gehirns auch für viele positive Dinge nutzen. Auch auf unserem Weg zu mehr Selbstbewusstsein werden wir das Belohnungssystem für unsere Zwecke einsetzen.

### Einüben heißt Handeln!

Das Einüben neuer Verhaltensweisen ist, genau wie das Klavierspielen, etwas, das über einen langen Zeitraum immer wieder aktiv praktiziert werden muss, damit dauerhafte Veränderungen eintreten. Wird das neue Verhalten nur ein paar Mal oder nur für einen kurzen Zeitraum eingesetzt, hat unser Gehirn keine Chance, das Verhalten zu verinnerlichen und dauerhaft zu speichern.

Erst wenn das neue Verhalten häufig und über einen längeren Zeitraum aktiviert wird, beginnt das Gehirn sich auf die gewünschte Art und Weise zu verändern.

### *Wie oft muss man etwas tun, um es einzuüben?*

Es gibt viele Versuche, in Zahlen zu fassen, wie oft oder wie lange ein neues Verhalten eingeübt werden muss, bevor man sich darauf verlassen kann, dass es auch in stressigen Situationen problemlos abrufbar ist.

Die Ergebnisse reichen dabei von 60-mal insgesamt bis zu 60-mal am Tag für eine Dauer von 3 Wochen. Tatsache ist, dass es keine wirklich wissenschaftlich fundierte Aussage darüber gibt, wie häufig ein neues Verhalten ausgeführt werden muss, bevor es dauerhaft etabliert ist. Zudem kann man davon ausgehen, dass die Zahlen auch von Mensch zu Mensch und von Verhalten zu Verhalten unterschiedlich sind.

**Zitat:**

> *„Übung kann fast das Gepräge der Natur verändern;*
>
> *Sie zähmt den Teufel oder stößt ihn aus mit wunderbarer Macht."*
>
> *(William Shakespeare, englischer Dramatiker und Dichter)*

**Die Formel für Erfolg**

Die einzige Aussage, die mit Sicherheit korrekt ist, kann man in folgender Formel darstellen:

$$\textit{Erfolgreiche Verhaltensänderung = Häufigkeit x Dauer}$$

Ein neues Verhalten wird also umso besser erlernt, je häufiger es eingesetzt wird. Genauso gilt, je länger der Zeitraum ist, in dem ein neues Verhalten durchgeführt wird, desto stärker wird es im Gehirn verankert.

Die optimale Vorgehensweise, um ein neues Verhalten zu etablieren, ist also, das Verhalten häufig und über einen längeren Zeitraum einzuüben.

Darüber hinaus wissen wir aus der Lernpsychologie, dass es günstig ist, das neu zu Erlernende möglichst regelmäßig einzuüben. Es ist viel wirksamer, etwas Neues, pro Tag für eine Stunde, zu üben, als die ganze Woche über nichts zu tun und dafür am Sonntag 8 Stunden am Stück daran zu arbeiten.

**Zitat:**

*Als ein erfolgreicher Golfspieler einmal einen ans Wunderbare grenzenden Schlag führte, wobei er den Golfball aus seiner Lage unterhalb eines überhängenden Bunkers bis in eine Entfernung von drei bis vier Zentimetern vor das Loch trieb, sagte ein Zuschauer zu ihm: „Mein Gott, was für ein Glück." Der Golfspieler antwortete: „Stimmt, aber ich will Ihnen eins sagen: Je mehr ich trainiere, umso mehr Glück habe ich".*

*(Edward de Bono, britischer Psychologe und Schriftsteller)*

**30 Tage bis zum Ziel**

Schaut man sich die Ergebnisse von Untersuchungen an, die sich mit dem Erlernen neuer Verhaltensweisen beschäftigen, stellt man trotz voneinander abweichender Angaben fest, dass sich der Zeitraum, der benötigt wird, um ein neues Verhalten zu etablieren, in etwa einen Monat beträgt.

Wird ein neues Verhalten für die Dauer von etwa 30 Tagen mehrmals täglich durchgeführt, stellt sich eine gewisse Gewohnheit ein. Die Widerstände werden geringer und es fällt generell leichter, sich zu dem neuen Verhalten „aufzuraffen". Wer ein neues Verhalten 30 Tage lang täglich praktiziert, hat gute Chancen, es auch dauerhaft zu etablieren.

*Schenken Sie falschen Versprechungen keinen Glauben*

Übrigens, das Einüben neuer Gewohnheiten über einen bestimmten Zeitraum ist eine psychologisch sinnvolle Methode, die schon seit Langem bekannt und erforscht ist. Trotzdem wird immer wieder versucht, dies als „neue" Methode zu verkaufen.

Damit es etwas attraktiver klingt, wird dann die Einübungsphase möglichst kurz angenommen. Sollten Sie also irgendwo lesen, dass Sie neue Gewohnheiten innerhalb von 10, 14 oder 21 Tagen erlernen können, sollten Sie dies nicht allzu wörtlich nehmen. Das funktioniert in der Praxis weder beim Einüben neuer Gewohnheiten noch beim Erlernen eines Musikinstruments.

Es gibt auch keine 100%ige Garantie dafür, dass Sie sich eine neue Gewohnheit innerhalb von 30 Tagen aneignen können. Je nachdem wie schwierig die Aufgabe ist und wie viele Widerstände Sie überwinden müssen, kann es durchaus auch länger dauern. Das ist völlig normal und in Ordnung. Sie müssen sich deshalb nicht unter Druck setzen und kein schlechtes Gewissen haben!

Wichtig ist, dass Sie wissen, dass Sie selbst entscheiden, ob Sie sich ein erwünschtes Verhalten oder eine erwünschte Eigenschaft anzueignen wollen oder nicht. Wenn Sie das neue Verhalten regelmäßig, immer wieder über einen längeren Zeitraum einüben, wächst von Mal zu Mal die Wahrscheinlichkeit, dass Sie es verinnerlichen und es zu einer guten Gewohnheit wird.

## So erreichen Sie Ihre Ziele

Die Zeit, die Sie in dieses Projekt investieren, ist mehr als sehr gut angelegt. Selbstvertrauen ist für ein glückliches und zufriedenes Leben ausgesprochen wichtig. Nur mit einem ausreichend großen Selbstvertrauen können Sie Ihr Leben so leben, wie Sie es möchten.

**<u>Ein</u> Ziel auswählen:**

Ich weiß, dass die Begeisterung dafür, endlich ein unerwünschtes Verhalten abzulegen, oder ein neues zu erlernen gerade am Anfang sehr groß ist. Leicht macht man dann häufig den Fehler, sich zu viel vorzunehmen. Um ein neues Verhalten dauerhaft zu etablieren, sollten Sie möglichst nicht mehrere Veränderungen gleichzeitig verfolgen. Nehmen Sie sich für den Start ein oder höchstens zwei Ziele vor, die Sie erreichen wollen.

**Machen Sie es sich so leicht wie möglich!**

Denken Sie bitte immer daran. Sie befinden sich nicht in einem Wettbewerb und Ihr Erfolg hängt nicht davon ab, dass Sie ihn mit „Blut, Schweiß und Tränen" erreichen. Es ist keine besondere Ehre damit verbunden, ein Ziel unter schwierigsten Bedingungen zur erreichen. Wenn Sie das schaffen, ist das sicher sehr gut. Für die meisten von uns gilt aber, dass das Wichtigste darin besteht, <u>überhaupt</u> durchzuhalten. Umso weniger Hindernisse diesem Ziel entgegenstehen, umso besser.

# So überwinden Sie Widerstände

Im Folgenden werden Sie eine ganze Reihe von Ideen und Vorschlägen finden, mit deren Hilfe Sie in kurzer Zeit selbstbewusster erscheinen und selbstbewusster werden. Einige werden Ihnen vielleicht sofort sympathisch sein, andere aber vielleicht auch nicht. Möglicherweise kommen dann Gedanken auf wie:

- ☹ „Das bringt doch eh nichts.“

- ☹ „Das ist was für andere, aber nicht für mich.“

- ☹ „Das ist mir zu albern.“

- ☹ „Das traue ich mich nicht.“

- ☹ „Das passt nicht zu mir.“

- ☹ „Dabei komme ich mir dumm vor.“

Diese Widerstände sind völlig verständlich. Unser Verstand hat einfach die Eigenheit, dass er vieles mag, in <u>keinem</u> Fall aber Veränderungen! Insbesondere das Verändern von Gewohnheiten, die bereits lange bestehen, kann ein echter Kraftakt sein. Stellen Sie sich darauf ein, dass Ihr Verstand hierbei heftigen Widerstand leisten wird.

Dieser Widerstand tritt oft in Form von völlig logisch erscheinenden Ideen und Gedanken auf. Sie können also davon ausgehen, dass Sie beim Versuch, alte Verhaltensweisen zu verändern, plötzlich sehr viele gute „Einfälle“ haben werden, die Ihnen sagen, dass es eigentlich doch besser wäre, alles so zu lassen, wie es ist.

Immer, wenn Sie an diesem Punkt ankommen, machen Sie sich folgendes klar:

### *Gleiches Verhalten = gleiches Ergebnis*

Im Klartext heißt das, wenn Sie alles so weitermachen wie bisher, wird sich Ihr Leben auch weiterhin so gestalten wie bisher. Um etwas in Ihrem Leben zu verändern, gibt es nur den einen Weg, nämlich alte Gewohnheiten und Verhaltensweisen zu ändern.

# So können Sie sich die Sache erleichtern

1. Suchen Sie für den Anfang ein Ziel aus, das Sie relativ leicht erreichen können.

2. Wählen Sie für Ihr Training einen Zeitraum aus, in dem Sie nicht zusätzlich durch andere Faktoren belastet sind. So ist zum Beispiel die Vorbereitungsphase auf eine Prüfung nicht der ideale Zeitpunkt, um an einer Verhaltensänderung zu arbeiten.
   Das Gleiche trifft zu, wenn Sie sich gerade in einer emotional schwierigen Situation (zum Beispiel nach einer Trennung oder nach einem Trauerfall) befinden.

Wenden Sie die Hilfsmittel an, die im folgenden Abschnitt beschrieben werden.

### Schreiben Sie auf, was Sie erreichen wollen

Erwiesenermaßen sind das Umsetzen und das Erreichen persönlicher Ziele wesentlich erfolgreicher, wenn man die Ziele schriftlich festhält.

Es reicht nicht aus, die Ziele nur in Gedanken zu formulieren. Zu leicht geraten sie dann in Vergessenheit. Darüber hinaus zwingt uns das Formulieren von Zielen dazu, uns darüber klar zu werden, <u>was</u> genau wir erreichen wollen.

### Wählen Sie eindeutige Ziele

Ziele sollen immer möglichst exakt formuliert werden. Es sollte eindeutig feststellbar sein, wann ein Ziel erreicht oder eine Aufgabe gelöst ist.

### Beispiele für gute Zielformulierungen:

☺  Jasmin am Samstag zum Abendessen einladen.

☺  Es heute ablehnen, länger im Büro zu bleiben.

☺  Meinen Chef beim Jahresgespräch um eine Gehaltserhöhung bitten.

☺  Heute 5 fremde Menschen auf der Straße anlächeln.

☺  Heute den Abend nur für mich freihalten.

**Beispiele für weniger gute Formulierungen:**

☹  Selbstbewusster auftreten.

☹  Mir nicht alles gefallen lassen.

☹  Mich trauen, meine Meinung zu sagen.

☹  Frauen/Männern gegenüber mutiger sein.

Sie erkennen sicher den Unterschied zwischen den guten und den weniger guten Zielformulierungen. Die guten Formulierungen beschreiben genau, was Sie zu welchem Zeitpunkt erreichen wollen. Die weniger guten sind zu unbestimmt. Insbesondere lässt sich bei denen kaum sagen, ob und wann sie tatsächlich erreicht wurden.

**Tipps für gute Ziellisten:**

Beschreiben Sie jedes Ziel so klar und eindeutig wie möglich. Es muss genau nachprüfbar sein, ob, bzw. wann ein Ziel erreicht ist.

1. *Halten Sie die Liste kurz*

   Eine Zielliste sollte nicht mehr als 5 Einträge enthalten. Je länger die Liste, umso unüberschaubarer wird der Berg von Aufgaben, der sich vor Ihnen auftürmt. Besser, Ihre Liste enthält nur ein Ziel, das Sie konsequent verfolgen, als 10 Ziele, die Sie schon bald aus den Augen verlieren.

Im Zweifelsfalle streichen Sie einige Ziele. Die können Sie sich später immer noch vornehmen.

2. ***Das erreichte Ziel vor dem inneren Auge sehen***

   Diese Methode wird auch als „Visualisieren" bezeichnet. Stellen Sie sich bildlich vor, Sie hätten das jeweilige Ziel bereits erreicht. Was sehen Sie, was fühlen Sie dabei? Je detaillierter Sie sich die Situation vorstellen, umso besser.

# Ziele in Zwischenziele unterteilen

Ziele, Pläne und Veränderungen können zu Beginn oft unerreichbar, riesengroß oder gar bedrohlich wirken. Unser inneres Ich möchte dann am liebsten vor der Aufgabe fliehen. Das äußerst sich dann zum Beispiel dadurch, dass wir den Beginn immer weiter hinauszögern oder das Projekt sogar ganz aus den Augen verlieren.

Im Gegensatz dazu erscheinen kleine, klar definierte Zwischenschritte als „harmlos" und machbar. Sie machen uns keine Angst und wir fühlen uns von ihnen nicht überfordert. Unterteilen Sie größere Ziele in mehrere kleinere Zwischenschritte. Formulieren Sie auch die Zwischenziele so, dass möglichst eindeutig feststellbar ist, wann sie erreicht sind.

So können Sie vorgehen:

1.  Formulieren Sie das Endziel für Ihr aktuelles Projekt.

2.  Legen Sie die Zwischenschritte auf dem Weg zu diesem Ziel fest.

3.  Legen Sie die ersten drei Aktionen auf dem Weg zum ersten Zwischenziel fest.

4.  Beginnen Sie mit der ersten Aktion.

**Immer nur auf den nächsten Schritt konzentrieren**

Es ist hierbei besonders wichtig, dass Sie mit jeder Aktion und jedem Zwischenschritt tatsächlich etwas erreichen können. Jeder Schritt muss realistisch machbar und sein Erfolg überprüfbar sein. Es ist besser, an einem Tag nur einen winzigen Teilschritt erfolgreich zu schaffen, als tatenlos über einen großen Schritt nur nachzudenken.

Denken Sie daran: Die Summe vieler kleiner Schritte und Erfolge ist das Erreichen des großen Ziels. Kleine Schritte vereinfachen das Erreichen eines großen Zieles. Und nicht nur das, sie sind auch wichtig, um die Motivation und den Spaß an der Sache aufrechtzuerhalten. Jedes Erreichen eines kleinen Teilziels setzt Glückshormone im Gehirn frei. Ein Teil der Belohnung für das Erreichen von Zielen entsteht also sogar im Gehirn selbst.

**Unterstützung suchen**

Manchmal kann es hilfreich sein, sich die Unterstützung der Familie oder von Freunden zu suchen. In schwierigen Fällen auch die eines Therapeuten. Auch die Teilnehmer einer Selbsthilfegruppe - im wahren Leben oder auch im Internet - können einen dabei unterstützen, Ziele zu erreichen. Das kann sowohl durch Lob und Anerkennung geschehen, wenn man einen schwierigen Schritt erfolgreich gemeistert hat, oder auch durch Motivation, wenn man das Gefühl hat, dass die eigenen Anstrengungen sinnlos sind.

Allerdings ist die Unterstützung durch Dritte beim Thema Selbstbewusstsein nicht für jeden die optimale Lösung. Nicht wenige Betroffene wollen es unbedingt allein schaffen. Andere freuen sich schon darauf, Freunde oder Kollegen durch das neue selbstbewusstere Auftreten zu überraschen. Dazu kommt, dass man sich leicht beobachtet fühlt, wenn alle um einen herum wissen, dass man versucht, selbstbewusster aufzutreten.

Die Unterstützung der Mitglieder eines Internet-Forums, in dem man anonym um Hilfe bitten kann, ist deshalb oft ein guter Mittelweg. Man erhält so Zuspruch und kann sich im eigenen Privatleben trotzdem unbeobachtet und frei bewegen.

**Tipp: Die richtige Internet-Plattform finden**

Es ist wichtig, darauf zu achten, eine Plattform zu finden, auf der sich Menschen treffen, die eine positive Einstellung vertreten.

Leider gibt es auch viele typische „Jammer-Foren", in denen sich die Mitglieder vor allem in der Ansicht bestärken, dass sowieso „alles keinen Sinn hat". Um solche negative Einflüsse sollten Sie besser einen großen Bogen machen.

**Sich dem Ziel jeden Tag ein Stück nähern:**

Lassen Sie keinen Tag verstreichen, an dem Sie nicht zumindest einen winzigen Schritt in Richtung Ihrer Ziele gemacht haben. Lassen Sie keine Ausnahmen zu. Wenn Sie jeden Tag einen auch noch so kleinen Schritt in die richtige Richtung machen, haben Sie Ihr Ziel schon bald erreicht.

Falls Sie tatsächlich einmal gar keine Gelegenheit haben, einen praktischen Schritt zum Erreichen Ihrer Ziele zu machen, können Sie ersatzweise auch eine mentale Übung machen. Diese kann zum Beispiel in dem oben beschriebenen Visualisieren bestehen.

*Ganz gleich, was Sie tun, es ist in jedem Fall besser,*
*als nichts zu tun!*

**Am Ball bleiben:**

Manche Ziele benötigen einfach eine gewisse Zeit für ihre Umsetzung. Es ist auch völlig normal, dass die anfängliche Begeisterung nach einiger Zeit nachlässt. Unser innerer Kritiker redet uns dann ein, dass wir es ohnehin nicht schaffen werden. Oder er wählt den umgekehrten Weg und versucht uns davon zu überzeugen, dass wir schon genug erreicht haben und es sich nicht lohnt, noch mehr Energie zu investieren.

Oft hilft es schon, das zu wissen, um dieser Falle zu entgehen. Darüber hinaus ist es hilfreich, sich noch einmal die Gründe vor Augen zu führen, wegen denen wir etwas verändern wollten. Dazu ist es auch nützlich, die schriftliche Liste mit den formulierten Zielen zur Hand zu haben.

**Ausdauer wird früher oder später belohnt – meistens aber später!**

*(Wilhelm Busch)*

# Belohnen Sie sich für Erfolge!

Jeder Mensch hat Phasen, in denen er sich nur schwer motivieren kann, eine Aufgabe in Angriff zu nehmen oder endlich fertigzustellen. In solchen Fällen hilft es, eine Belohnung für das Erreichen eines Zieles oder Teilzieles in Aussicht zu stellen.

Manchmal übernehmen auch andere das Belohnen für uns, zum Beispiel durch eine Provision, das Ausstellen eines Zeugnisses, eine Gehaltserhöhung und so weiter. In den meisten Fällen bleibt uns aber nichts anderes übrig, als uns selbst dazu zu motivieren, etwas zu erreichen.

Sobald Sie ein Ziel erreicht haben, sollten Sie sich dafür loben und belohnen. Es ist hilfreich, die Belohnung schon beim ersten Notieren eines Ziels genau festzulegen. So haben Sie etwas, was sie motiviert und worauf Sie sich freuen können.

Menschen mit geringem Selbstbewusstsein tun sich dabei besonders schwer. Sie sind es oft gar nicht gewohnt, etwas Angenehmes für sich selbst zu tun. Das können Sie aber ändern. Sie müssen dazu zunächst herausfinden, welche Belohnungen für Sie selbst besonders attraktiv sind. Die Belohnungen könnten zum Beispiel so aussehen:

☺ Ins Kino gehen.

☺ Ein leckeres Essen kochen oder zum Essen ausgehen.

☺ Ein neues T-Shirt kaufen.

☺ Ein Besuch in der Sauna.

☺ Einen Strauß Blumen kaufen.

☺ Ein Konzertbesuch.

☺ Ein neues Buch / eine Serie oder ein Computerspiel beginnen.

☺ Einen Nachmittag freinehmen.

☺ Einen Kurzurlaub einschieben.

Gleich, welche Belohnung Sie auswählen, sie sollte in jedem Fall eine Abwechslung gegenüber dem darstellen, was Sie sonst tun würden. Außerdem muss eine Belohnung natürlich Spaß machen!

**So funktioniert das Belohnen am besten**

1. Eine Belohnung sollte unmittelbar nach dem Erreichen des (Teil-) Ziels erfolgen.

2. Halten Sie Ihr Belohnungsversprechen immer ein. Sonst funktioniert das Belohnen bereits nach kurzer Zeit nicht mehr.

3. Belohnen Sie sich auch, wenn Sie ein Ziel nur zu 80% erreicht haben. Auch das ist eine gute Leistung.

4. Belohnen Sie sich auch für das Erreichen von kleineren Teilschritten.

5. Wählen Sie realistische Ziele, also solche, die Sie auch wirklich schaffen können. Ziel ist es, etwas zu schaffen und die Belohnung zu bekommen, und nicht etwa, sich selbst zu beweisen, dass es zu

schwierig war.

**Unmittelbare Belohnungen sind besser als solche in der Zukunft**

Wenn unser Gehirn vor die Entscheidung gestellt wird, sofort eine kleine Belohnung zu bekommen, oder später eine größere, entscheidet es sich in fast allen Fällen für die sofortige Belohnung. Das ist auch der Grund, warum es uns viel leichter fällt, uns für einen Nachmittag auf dem Sofa mit einem guten Buch und unserer Lieblingsschokolade bequem zu machen, als Joggen zu gehen.

Da die Belohnung für das Joggen (fit werden, Gewicht verlieren, besser aussehen) erst an einem noch unbestimmten Zeitpunkt in der Zukunft erfolgt, ziehen wir oft unbewusst, die auf Dauer gesehen, ungünstigere, aber dafür sofortige Form der Selbstbelohnung, vor.

Das Gleiche gilt für das Selbstbewusstseinstraining. Natürlich ist es ein angenehmer Gedanke, irgendwann in der Zukunft selbstbewusst und voller Selbstvertrauen aufzutreten. Als Belohnung ist dieser Gedanke jedoch oft nicht ausreichend. Er ist sowohl zu unbestimmt (was genau bedeutet selbstbewusst auftreten?), als auch zu weit in der Zukunft (wann genau tritt die Belohnung ein?).

Es ist also sinnvoller, Belohnungen auszuwählen, die mit den Belohnungen fürs Nichtstun konkurrieren können, oder, noch besser, diesen überlegen sind. Es müssen auch gar nicht immer materielle Belohnungen sein. Wenn Sie es schaffen, sich vorzustellen, wie gut Sie sich fühlen werden, wenn Sie eine bestimmte Aufgabe gemeistert haben, kann das als Belohnung schon ausreichen. Sagen Sie sich einfach: „Ich mache das jetzt, weil ich mich danach viel besser fühle."

Genießen Sie dann aber auch das Gefühl, wenn Sie es geschafft haben.

Umso intensiver Ihnen das gelingt, desto besser ist dieser Gefühlszustand als Belohnung für die Bewältigung zukünftiger Aufgaben geeignet.

### ✏️ Erreichte Ziele abhaken

Haken Sie ein Ziel ab, wenn Sie es erreicht haben. Streichen Sie es durch oder machen Sie einen Haken dahinter.

Werfen Sie Blätter, auf denen alle Ziele durchgestrichen sind, nicht einfach weg. Anhand der Blätter und der durchgestrichenen Ziele und Aufgaben können Sie sehr schön Ihren Erfolg und Ihre Fortschritte ablesen.

### Rückschläge einplanen und richtig bewerten

Jeder, der eine große Aufgabe in Angriff nimmt, wird früher oder später auch mit Rückschlägen konfrontiert. Das ist kein Zeichen von Scheitern, sondern der Beweis dafür, dass man etwas in Bewegung gesetzt hat.

> *Keine Rückschläge erlebt nur der, der gar nichts tut.*

Betrachten Sie Rückschläge nicht als Versagen, sondern einfach als notwendige Schritte auf dem Weg zum Erfolg. Schon die Tatsache, dass Sie einen Rückschlag bemerken, ist ein Fortschritt zu früher, wo der Rückschlag sozusagen Normalität war.

Rückschläge gehören zum Erfolg einfach dazu. Alle großen Leistungen der Menschheit wurden und werden von Rückschlägen begleitet. Rückschläge sind Zwischenschritte auf dem Weg zum Erreichen von Zielen.

### Zitat

*Ein Rückschlag ist die Möglichkeit, noch einmal neu und klüger anzufangen.*

*(Henry Ford, Begründer der Ford Motor Company)*

# Führen Sie Buch über Ihre Erfolge

Das Führen eines Tagebuchs hat viele positive Effekte. Auch für unsere Ziele können wir einige davon nutzen. Dazu gehört insbesondere das Festhalten von Fortschritten, aber auch das Notieren von Anmerkungen, die Ihnen vielleicht zu einem späteren Zeitpunkt noch nützlich sein können.

Das Wichtigste ist aber, dass Sie Ihre Fortschritte in schriftlicher Form festhalten. Nur so können Sie regelmäßig kontrollieren, ob Sie vorankommen. Es ist auch mit dem Abstand von einigen Wochen oder gar Monaten immer wieder sehr motivierend, sich vor Augen zu führen, an welchem Punkt der eigenen Entwicklung man gestanden hat, als man die Einträge ins Tagebuch vorgenommen hat.

Mit einem größeren zeitlichen Abstand kann man viel besser erkennen, wie groß die eigenen Fortschritte wirklich sind. Auch wenn man von einem Tag zum nächsten keinen großen Fortschritt spürt: Von einem Monat zum nächsten oder gar von einem Jahr zum nächsten sieht man oft, dass man doch schon einen Riesenschritt nach vorn gemacht hat.

### Wie wär's mit einem Scrap-Book?

Ein Tagebuch ist Ihnen zu langweilig? Versuchen Sie es mal mit einem Scrap-Book. Scrap-Books sind sozusagen die Version 2.0 vom guten alten Tagebuch. Die Idee kommt – wie so oft – aus dem Land der unbegrenzten Möglichkeiten, Amerika.

Ein Scrap-Book ist wie ein Fotoalbum, das nicht nur auf Fotos beschränkt ist. Stattdessen erhalten alle Einträge kleine Texte, Anmerkungen, Zeitungsausschnitte, bunte Papierstücke und andere Verzierungen. Es ist alles erlaubt, was Ihnen dazu einfällt und passend erscheint.

Im Vergleich zu einem ganz gewöhnlichen Tagebuch sind Scrap-Books aufwendiger, aber auch interessanter und es macht mehr Spaß, sie herzustellen. Gleichzeitig bietet Scrapbooking die Möglichkeit, viele künstlerische Techniken und Stilrichtungen in die Alben einfließen zu lassen.

# Eigenlob stinkt ... definitiv <u>nicht</u>!

Sind Sie auch mit der Behauptung „Eigenlob stinkt!" aufgewachsen? Dieser dumme Spruch geistert bereits seit dem 15. Jahrhundert durch den deutschsprachigen Raum und vertrug sich immer außerordentlich gut mit den Ermahnungen von Kirche und Staat.

Doch wer sagt eigentlich, dass man sich nicht selbst loben darf? Und warum sollte das wohl so sein? Warum soll man sich nicht loben, wenn man ...

☺ ... eine gute Arbeit abgeliefert hat?

☺ ... einen Vorsatz in die Tat umgesetzt hat?

☺ ... sein Gewicht verbessert hat?

☺ ... endlich mal Sport treibt?

☺ ... mit dem Rauchen aufhört?

☺ ... endlich mal keine Selbstzweifel hatte?

Lob hat erwiesenermaßen viele positive Wirkungen auf die menschliche Psyche:

✓ Es verbessert die Laune.

✓ Es kann Glücksgefühle auslösen.

✓ Lob motiviert Menschen weiter zu machen.

✓ Lob ermutigt.

*Es ist einfach ein schönes Gefühl, gelobt zu werden.*

Loben Sie sich immer, wenn Sie etwas geleistet oder geschafft haben:

- *„Hey, ich sehe heute wirklich gut aus."*

- *„Die neue Hose steht mir ausgezeichnet."*

- *„Super, dass ich in der Prüfung eine 2 bekommen habe."*

- *„Toll, dass ich/wir das Projekt gestartet haben."*

- *„Ja, das habe ich gut gemacht!"*

- *„Ich werde immer besser!"*

- *„Super! Schon wieder ein Stück geschafft!"*

Haben Sie auch keine Hemmungen, ihre guten Leistungen herauszustellen. Bei der nächsten Beförderung wird der berücksichtigt, der sich in ein gutes Licht gerückt hat. Nicht der, der vor lauter Bescheidenheit gar nicht bemerkt wird!

**Zitat:**

*„Bescheidenheit ist eine Zier, ... doch weiter kommt man ohne ihr."*

*(Wilhelm Busch)*

**Loben Sie sich auch für kleine Fortschritte!**

Loben Sie sich also auch dann, wenn Sie einen kleinen Schritt oder eine kurze Etappe bewältigt haben. Das Gleiche gilt für auch für andere „Kleinigkeiten". Loben Sie sich so oft wie möglich, sobald Sie etwas geschafft haben, das Sie sich vorgenommen hatten. Das tut gut, motiviert und stärkt Ihr Selbstvertrauen. Haben Sie dabei keine Hemmungen, loben Sie sich, wann immer sich eine Gelegenheit bietet.

Üben Sie die folgenden oder ähnliche Sätze ein. Sagen Sie sich in Gedanken (oder auch laut, wenn Sie allein sind):

- *„Das habe ich gut gemacht!"*

- *„Super, dass ich mich heute getraut habe ... „*

- *„Gut gemacht!"*

- *„Sehr gut, ich bin heute einen Schritt weiter gekommen."*

- *„Ich bin besser, als ich bisher geglaubt habe."*

Oder auch ganz allgemein:

- *„Ich bin gut, so, wie ich bin."*

- *„Ich bin ein guter Mensch."*

- *„Ich bin auf einem guten Weg und mache täglich Fortschritte."*

Das fühlt sich am Anfang vielleicht sehr merkwürdig an. Das macht nichts. Tun Sie es trotzdem! Mit der Zeit fällt Ihnen das immer leichter und nach und nach glauben Sie auch, was Sie sich selbst sagen. Probieren Sie es aus und schauen Sie, wie es in einigen Wochen ist. Wenn Sie das durchhalten, werden Sie sich nach einiger Zeit garantiert besser fühlen.

# So wirken Sie <u>sofort</u> selbstbewusster

Wir haben ja bereits darüber gesprochen. Es gibt Ratschläge und Anleitungen zum Thema Selbstbewusstsein, die viel Zeit und Disziplin erfordern. Daran ist nichts Schlechtes. Ganz im Gegenteil: Dauerhafte Veränderungen brauchen Ihre Zeit und müssen über einen langen Zeitraum eingeübt werden.

Doch was, wenn man sofort ein wenig Unterstützung für das eigene Selbstvertrauen braucht, und nicht erst im nächsten Jahr? Was, wenn das bevorstehende Date oder das nächste Vorstellungsgespräch nicht in 5 Monaten, sondern bereits in 5 Tagen oder gar in 5 Stunden stattfindet?

Für all diese Fälle finden Sie in diesem Kapitel Tipps und Tricks für mehr Selbstvertrauen, die <u>sofort</u> funktionieren. Alle vorgestellten Tipps und Tricks können Sie ohne Vorbereitung und langes Üben nach dem Lesen sofort in die Tat umsetzen.

Sie haben nicht viel Zeit? Dann sollten wir schnell loslegen ...

### So tun „als ob", ist völlig in Ordnung

So gut wie alle Menschen beurteilen Personen, denen sie begegnen so, wie diese nach außen erscheinen. Tests mit ganz normalen Passanten zeigen, dass die allermeisten einer Person in Uniform sofort vertrauen und ihr sogar Ihren Personalausweis aushändigen. Das funktioniert sogar dann, wenn es sich um eine Fantasieuniform handelt, die weder bei der Polizei noch bei der Feuerwehr getragen wird.

Das Gleiche gilt für Ärzte. Gibt sich jemand als Arzt aus, braucht er noch nicht einmal einen weißen Kittel, um das Vertrauen der Versuchspersonen zu erlangen. Einfach die Tatsache, dass sie <u>glauben</u>, er sei ein Arzt, lässt dessen Verhalten souverän (eben typisch für einen Arzt) erscheinen.

Das Gleiche gilt für jede Art von Autoritätspersonen. Es reicht, wenn jemand sich so verhält, als habe er eine bestimmte Funktion oder das nur behauptet, damit ihm geglaubt wird. Niemand kommt dann auf die Idee, den „Arzt" nach seinem Diplom, oder den Polizisten in Uniform nach seinem Dienstausweis zu fragen.

Und um den Einwand gleich vorwegzunehmen: Nein, Sie sollen natürlich nicht zum Hochstapler werden. Die genannten Beispiele zeigen aber, dass bei Menschen, die wir nicht näher kennen, der äußere Eindruck für unsere Einschätzung entscheidend ist.

Sobald sich Menschen eine erste Meinung über eine bis dahin unbekannte Person gebildet haben, interpretieren sie auch deren Verhalten – ganz gleich, wie dieses aussieht – so, dass es zu ihrem Bild von dem Menschen passt.

### *Fake it till you make it!*

Die Amerikaner benutzen den schönen Ausdruck „Fake it till you make it! Das bedeutet in etwa „Tu so, dann wirst du so!"

Gemeint ist damit die Tatsache, dass es möglich ist, ein erwünschtes Verhalten dadurch zu erreichen, indem man zunächst nur so <u>tut</u>, als ob man es bereits beherrschen würde. Die Idee ist nicht neu. Schon der Philosoph Aristoteles hat dies bereits vor über 2000 Jahren festgestellt. Ein Mensch, der so tut, als ob er besonders mutig, gesellig oder ehrlich ist, nimmt diese Eigenschaften nach einiger Zeit auch tatsächlich an.

Eine ganze Reihe von wissenschaftlichen Untersuchungen haben diesen Effekt bestätigt. Eine neue Rolle einzunehmen, gelingt besonders gut, indem man die Rolle zunächst nur spielt. Nach und nach nimmt man dadurch immer mehr Eigenschaften der Rolle an, bis man zum Schluss tatsächlich so ist, wie die Rolle, die man zunächst nur gespielt hat.

Damit ist diese Technik für unser Ziel, selbstbewusster zu werden, geradezu perfekt geeignet:

Sie können damit gleichzeitig zwei Dinge erreichen:

1. Sie können sofort selbstbewusster wirken. Indem Sie sich so verhalten, als seien Sie bereits sehr selbstbewusst, wirken Sie auf andere auch so. Sie werden mit anderen Augen gesehen und ganz anders behandelt, als jemand, der kein Selbstvertrauen ausstrahlt.

2. Sie trainieren dadurch Ihr neues selbstbewussteres Verhalten, was dazu führt, dass Sie sich Schritt für Schritt tatsächlich selbstbewusster fühlen und selbstbewusster werden.

**Von anderen lernen ist eine ausgesprochen gute Idee**

Natürlich muss man zunächst einmal lernen, wie man sich verhält, wenn man eine ganz bestimmte Rolle ausfüllen will oder muss. Der einfachste Weg ist der über Vorbilder. Suchen Sie sich einen Menschen aus, der eine bestimmte oder eine ähnliche Rolle gut beherrscht. Beobachten Sie diesen Menschen, registrieren Sie, wie er sich bewegt, wie er spricht und was er sagt.

Haben Sie keine Hemmungen, die Verhaltensweisen, die Ihnen gut gefallen, zu imitieren, wenn Sie selbst die Rolle ausfüllen wollen. Achten Sie dabei aber darauf, dass das Verhalten zu Ihnen passt. Wenn Sie ein zurückhaltender, ruhiger und freundlicher Mensch sind, sollten Sie nicht versuchen, den autoritären Choleriker zu spielen.

**„Ich bin mir aber nicht sicher, dass das funktioniert."**

Dann überlegen Sie einmal, woher Ihr <u>jetziges</u> Verhalten kommt. Eben, es ist auch imitiert und basiert wahrscheinlich auf dem Vorbild Ihrer Eltern oder anderer Personen aus ihrer Kindheit. Warum also nicht die Chance nutzen, um sich nun passendere Vorbilder auszusuchen, die Ihnen dabei helfen können, selbstbewusster und erfolgreicher zu handeln?

**Der erste Eindruck zählt!**

Diese Aussage trifft zu 100 % zu. Untersuchungen zeigen, dass Personen, die einen Menschen zum ersten Mal sehen, diesen blitzschnell aufgrund seines äußeren Erscheinungsbildes einschätzen und beurteilen.

Diese Einstufung findet statt, noch bevor derjenige etwas gesagt oder getan hat. Innerhalb von Bruchteilen einer Sekunde entscheidet sich, wie der Mensch eingeschätzt wird:

- sympathisch / unsympathisch
- selbstbewusst / unsicher
- offen / reserviert
- modern / altmodisch
- humorvoll / humorlos
- freundlich / unfreundlich
- kompetent / inkompetent
- vertrauenswürdig / unzuverlässig

Wie sehr die obige Aussage zum ersten Eindruck tatsächlich stimmt, zeigt sich darin, dass das erste Urteil, das jemand über eine ihm unbekannte Person trifft, oft sogar dann bestehen bleibt, wenn sich die Person anschließend ganz anders verhält.

Man kann also beim ersten Treffen sofort einen dauerhaft guten Eindruck hinterlassen oder sich – wenn man sich ungünstig präsentiert - eine bleibende negative Einschätzung einhandeln.

**Zitat**

*Es gibt keine zweite Chance für einen guten ersten Eindruck!*

*(Oscar Wilde)*

## So stellt man sich selbstbewusst vor

Beim ersten Zusammentreffen mit unbekannten Menschen ist es üblich, sich vorzustellen. Das bietet Ihnen eine perfekte Gelegenheit, genau den Eindruck zu machen, den Sie wünschen.

Unbekannten stellt man sich in der Regel mit einem Guten Morgen / Tag / Abend und der Nennung des eigenen Namens vor. Wenn es für das Zusammentreffen mit der anderen Person von Belang ist, fügt man den eigenen Rang und die Funktion hinzu, in der man tätig ist.

**Beispiele:**

💬 *„Guten Tag, mein Name ist Bernd Meyer.“*

💬 *„Guten Tag, Bernd Meyer. Ich bin der Abteilungsleiter und zuständig für das Projekt XY.“*

💬 *„Hallo, ich bin Sabine. Schön, dass wir uns mal kennenlernen.“*

Im beruflichen Umfeld ist es üblich, dass sich der Rangniedere dem Ranghöheren vorstellt. Im Privatleben stellt sich korrekterweise der Mann der Frau vor, wobei das heute nicht mehr zwangsläufig so sein muss.

Selbstbewusste Menschen stellen sich auch am Telefon vor, wenn sie jemanden anrufen:

**Beispiele:**

💬 *„Guten Morgen Herr Müller. Hier spricht Bernd Meyer.“*

💬 *„Guten Tag, Bernd Meyer hier. Ich würde gerne …“*

💬 *„Meyer, guten Tag. Könnte ich bitte …“*

Üben Sie, sich gekonnt und selbstbewusst vorzustellen. Das fällt gerade schüchternen Menschen nicht leicht. Das ist aber nicht weiter schlimm, denn das kann man lernen. Scheuen Sie sich nicht davor, das Vorstellen vor dem Spiegel einzuüben. Ich kann Ihnen versichern, Sie sind nicht der Erste und auch nicht der Einzige, der das genau auf diese Weise tut.

**Visitenkarten**

Visitenkarten waren früher ausschließlich Geschäftsleuten vorbehalten. Mit ihrer Hilfe konnte man schnell und problemlos Daten wie Adressen und Telefon- und Faxnummern austauschen. Mittlerweile sind Visitenkarten für jedermann verfügbar. Die Herstellung von ein paar Hundert Visitenkarten mit eigener Gestaltung kostet nur noch ein paar Euro.

Eine schöne und sorgfältig erstellte Visitenkarte macht aber auch heute noch einen guten Eindruck. Um sich selbstbewusst vorzustellen, ist eine Visitenkarte deshalb gut geeignet.

**Folgende Fehler sollten Sie vermeiden:**

- **Druck- und Schreibfehler**

  Ein Schreib- oder Tippfehler auf einer Visitenkarte macht einen denkbar schlechten Eindruck. Der Empfänger geht entweder davon aus, dass Sie der deutschen Sprache nicht mächtig sind, oder doch zumindest davon, dass Sie sehr nachlässig sind.

- **Unpassende Illustrationen**

  Auf einer seriösen Visitenkarte haben Illustrationen mit Comic-Figuren, Katzenbildern oder anderen „witzigen" oder „putzigen" Motiven nichts verloren.

- **Unterschiedliche oder auffällige Schriftarten**

  Auf einer seriösen Visitenkarte darf kein Sammelsurium von verschiedenen oder auffälligen Schriftarten verwendet werden.

Verwenden Sie für alle Bereiche der Karte nur eine klare Schriftart ohne überflüssige Schnörkel.

- **Billige, selbst gedruckte Visitenkarten**
  Auch wenn es im Handel viele entsprechende Angebote gibt, sollte man auf selbst gedruckte Visitenkarten verzichten. Insbesondere auf solche, bei denen auf den ersten Blick zu erkennen ist, dass sie am heimischen PC entstanden sind. Sauber gedruckte Visitenkarten ohne erkennbare Perforation an den Rändern bekommt man schon für wenige Euro im Internet. Eine Investition, die gut angelegt ist.

**Kontaktdaten:**

Geben Sie auf Ihrer Visitenkarte nur die Kontaktdaten an, unter denen Sie vom Empfänger der Karte auch tatsächlich erreicht werden möchten. So sollten Sie private Telefonnummern auch nur dann auf einer Visitenkarte angeben, wenn Sie die Karte in Ihrem Freundeskreis verteilen wollen. Für geschäftliche Kontakte sollte Ihre Karte nur die Rufnummer Ihres Büros und vielleicht noch Ihre Mobilrufnummer enthalten.

## Selbstbewusst durch die richtige Kleidung

Klar, die Kleidung ist „nur" eine Äußerlichkeit, die *eigentlich* nicht so wichtig sein sollte. ABER: Jeder, der behauptet, dass die sogenannten „inneren Werte" viel wichtiger seien, liegt falsch. Das gilt zumindest dann, wenn es zu einem ersten Zusammentreffen zwischen zwei Menschen kommt. Der erste Eindruck, den man von einem Menschen bekommt, ist zwangsläufig äußerlich. Die Art wie jemand sich kleidet und bewegt, entscheidet innerhalb von Sekunden, ob uns die Person sympathisch ist, ob wir der Person vertrauen und wo wir sie in der Rangordnung einstufen.

Sie können also durch gute, modische Kleidung schon einen guten Eindruck machen, bevor Sie auch nur ein Wort mit jemandem gesprochen haben.

Menschen mit geringem Selbstbewusstsein neigen aber auch bei Äußerlichkeiten wie Kleidung oder Frisur dazu, möglichst unauffällig erscheinen zu wollen. Im Zweifelsfall wählen sie lieber die Variante „Understatement", nur um nicht aufzufallen. Bei einem Mann führt das zu dem Prädikat „Langweilig", bei einer Frau zum Eindruck „Graue Maus".

Damit schaden Sie sich aber gleich doppelt: Sie sehen auf diese Weise nicht nur weniger attraktiv und weniger wichtig aus. Was schlimmer ist: Sie fühlen sich auch so!

### Tipp

Kleiden Sie sich immer so, wie Sie von anderen wahrgenommen werden wollen. Sie werden feststellen, dass Sie viel selbstsicherer auftreten können, wenn Ihre Kleidung diesen Eindruck unterstützt.

### Kleider machen Leute!

Das ist der Titel einer Novelle, in der der Schweizer Dichter, Gottfried

Keller, bereits am Ende des 19. Jahrhunderts das Phänomen beschrieb, dass die Kleidung maßgeblich dafür ausschlaggebend ist, wie ein Mensch wahrgenommen wird, und was man ihm zutraut.

Seitdem hat man dies in vielen großen Untersuchungen belegen können. Testpersonen ordnen wildfremde Menschen blitzschnell und automatisch entsprechend deren Kleidung ein. Die Kleidung hat in unserer Gesellschaft eine wichtige kommunikative Funktion. Sie dient schon lange nicht mehr nur dazu, den Körper vor Kälte zu schützen. Vielmehr soll unsere Kleidung auch anderen etwas über uns mitteilen.

Das beginnt bereits früh. Der erste Schritt zu einer eigenständigen Persönlichkeit führt bei vielen Jugendlichen über die Kleidung. Mit Kleidung lässt sich sehr viel ausdrücken. Von Anpassung bis Rebellion ist alles möglich. Unterschiedliche Kleidung zeigt auch an, in welcher Rolle oder Funktion wir gerade unterwegs sind. Für viele Menschen ist es selbstverständlich, bei der Arbeit andere Kleidung zu tragen als in der Freizeit oder etwa beim Sport.
Auch der gesellschaftliche Status eines Menschen lässt sich fast immer an der Wahl seiner Kleidung ablesen.

Das Gleiche gilt übrigens auch für die sogenannten Accessoires, also die Dinge, die nicht direkt zur Kleidung gehören, die aber trotzdem Teil des optischen Eindrucks sind, den jemand macht. Dazu zählen zum Beispiel Schmuck, Handtasche, Aktenkoffer, Brille, Haarspange und so weiter.

**So machen Sie mithilfe Ihrer Kleidung einen selbstbewussten Eindruck:**

✔ **Die Kleidung muss sauber sein.**

Das gilt, ganz gleich, was Sie tragen. Ihre Kleidung muss immer sauber und gepflegt aussehen. Selbst, wenn Sie als „Rocker" oder „Punkerin" unterwegs sind, machen Sie in sauberen Klamotten einen viel besseren Eindruck.

Das gilt im Übrigen auch für die Schuhe. Insbesondere Männer vernachlässigen ihre Schuhe häufig. Sie vergessen dabei, dass gerade die Schuhe viel über die soziale Stellung und das Selbstbild eines Menschen aussagen.

Beim Thema Kleidung gilt das Gleiche wie für die Körperpflege. Ungepflegte und/oder unsaubere Kleidung schadet dem Selbstbewusstsein. Zum Beispiel geht es gar nicht, am Morgen dieselben Kleidungsstücke anzuziehen, die man bereits am Abend vorher in einer verräucherten Kneipe getragen hat. Auch der längere Aufenthalt in einer „Pommes-Bude" macht einen Kleiderwechsel erforderlich. Der „Duft" von abgestandenem Fett gefällt nur den allerwenigsten Menschen.

✔ **Die Kleidung muss für Sie bequem sein.**

Klar, man kann sich auch mal für einen Abend in ein Ballkleid oder in einen Smoking zwängen, die „nur" gut aussehen, ansonsten aber unbequem sind. Generell sollten Sie sich in Ihrer Kleidung aber ganz unabhängig vom Kleidungsstil wohlfühlen. Das ist die Voraussetzung dafür, dass Sie entspannt und sicher auftreten können. Übrigens muss auch ein eleganter Anzug nicht zwangsläufig unbequem sein. Lassen Sie sich in einem Fachgeschäft beraten und investieren Sie ruhig ein paar Euro mehr, um ein Modell zu finden, in dem Sie sich rundum wohlfühlen. Man wird es Ihnen ansehen!

✔ **Die Kleidung muss passen.**
Das klingt selbstverständlich, ist es aber leider nicht. Insbesondere Kleidungsstücke, die im Laufe der Zeit zu klein „geworden" sind, sollten Sie aussortieren. Ein Pullover, ein Hemd oder eine Bluse, die über dem Bauch spannt, ist denkbar schlecht dazu geeignet, Ihr selbstbewusstes Auftreten zu unterstreichen oder Ihnen ein gutes Gefühl zu geben. Trennen Sie sich von Kleidung, von der Sie nur *hoffen*, irgendwann wieder hineinzupassen. Der Anblick solcher ehemals passender Kleidungsstücke und der vergebliche Versuch, sich in diese hineinzuzwängen, schadet dem Selbstbewusstsein und verschlechtert zuverlässig Ihre Laune!

✔ **Die Kleidung sollte von guter Qualität sein.**
Vielen Kleidungsstücken sieht man es von Weitem an, dass sie aus einer fernöstlichen Billigproduktion stammen. In solchen Kleidungsstücken können Sie sich nicht selbstsicher fühlen. Eine bessere Lösung ist, weniger, aber dafür hochwertigere Kleidung zu kaufen. Die muss auch nicht aus einer teuren Boutique kommen. Auch große Kauf- und Versandhäuser bieten qualitativ

hochwertige Kleidung zu moderaten Preisen an.

Denken Sie daran: Billige Kleidung sieht einfach nicht gut aus, auch wenn sie an dem Model im Katalog noch so attraktiv erscheint. Im wahren Leben sieht man schon von Weitem, dass der Anzug zum großen Teil aus Polyester besteht oder dass das Kleid schlecht verarbeitet ist.

✔ **Den Dresscode beachten**

Wer in Bermudashorts im Büro sitzt, muss sich nicht wundern, wenn er bei der nächsten Beförderung „übersehen" wird. Wer im Smoking sein Auto wäscht, muss sich nicht wundern, wenn die Nachbarn über ihn lachen. Es gibt für alle Anlässe und für jeden Geschmack passende Kleidung. Wenn Sie unsicher sind, welcher „Dresscode" bei einer bestimmten Gelegenheit gilt, fragen Sie einfach jemanden, der sich damit auskennt. Im Zweifelsfalle ist es immer günstiger, ein wenig zu gut gekleidet zu sein als umgekehrt.

**Darum ist saubere und gepflegte Unterwäsche so wichtig**

Das bisher Gesagte betrifft im gleichen Maße die Unterwäsche. Und das gilt nicht nur dann, wenn man – aus welchen Gründen auch immer – vorhat, sich seiner Kleidung zu entledigen. Neben erotischen Anlässen gilt das ja auch für die Untersuchung beim Arzt, bei der Massage etc.

Nein, auch wenn man sicher ist, den Tag über vollständig bekleidet zu bleiben, macht es einen großen Unterschied, ob die Unterwäsche sauber ist oder nicht. Mit sauberer Unterwäsche fühlt man sich einfach wohler und sicherer. Und das trägt wiederum erheblich zum eigenen Selbstbewusstsein bei.

**Anzug, Krawatte und Co.**

Der Anzug ist für den Angestellten das, was der Kittel für den Arzt ist. Ein Anzug strahlt Seriosität und Sicherheit aus. Derselbe Mensch (in diesem Fall derselbe Mann) wirkt in einem Anzug immer seriöser und vertrauenswürdiger als dieselbe Person in Freizeitkleidung. Dazu gehört natürlich das passende Oberhemd und vielen Fällen auch eine Krawatte.

**Schmuck**

Schmuck ist insbesondere für Frauen eine schöne Ergänzung zum passenden Outfit. Auch hier gilt, dass die Wahl des Schmucks einen Einfluss darauf hat, wie Sie von anderen wahrgenommen werden.
Grundsätzlich gilt: Nicht übertreiben! Etwas weniger und dezenter macht meist einen besseren Eindruck als auffällig und protzig. Aber auch kleine bunte Modeschmuck-Accessoires können sehr gut wirken, wenn sie zu Ihrer Persönlichkeit passen.

Schmuck ist aber durchaus nicht nur etwas für Frauen. Je nach Alter, Beruf etc. können auch Männer Schmuck tragen. Eine unauffällige Kette ist für einen Mann ebenso in Ordnung wie eine schöne Armbanduhr, ein robustes Armband oder ein schöner Herrenring.
Ohrringe sind für Männer in manchen Jobs nach wie vor kaum akzeptiert. Insbesondere in Berufen, bei denen Seriosität eine wichtige Rolle spielt, kommen Ohrringe für Männer nicht infrage. Eine Krawattennadel und die passenden Manschettenknöpfe passen auch zum Anzug und sind für Männer immer OK.

**Brille**

Die Brille ist ein Mittelding zwischen Sehhilfe, Kleidung und Schmuck.

Grundsätzlich macht eine schöne, zum Gesicht passende Brille einen klugen und selbstbewussten Eindruck.

Auch die sogenannten „Kassengestelle" müssen heute nicht mehr klobig und unmodern sein. Lassen Sie sich beim Optiker beraten. Er wird Ihnen passende Modelle zeigen, aus denen Sie Ihre Brille auswählen können.

Sollten Sie Bedenken haben, dass eine Brille nicht zu Ihnen passt oder Sie älter erscheinen lässt, können Sie über Kontaktlinsen oder eine Laser-Augenkorrektur nachdenken. Diese ist in vielen Fällen von Fehlsichtigkeit möglich und Sie können danach auf die Brille und auf Kontaktlinsen verzichten.

*Nicht jeder hat ein gutes Gespür für Mode.*

Wenn Sie selbst diesbezüglich unsicher sind, lassen Sie sich beraten. Als Berater kommt jeder infrage, auf dessen stilsicheren Geschmack Sie sich verlassen können. Das kann eine modebewusste Freundin sein oder auch die Verkäuferin in Ihrer Lieblingsboutique oder z. B. bei einem seriösen Herrenausstatter. Im Zweifelsfall findet man sogar online, zum Beispiel bei YouTube oder Instagram Tipps, die nützlich sein können.

## Tipp: Style wechseln

Insbesondere Frauen verbinden Veränderungen in ihrem Leben manchmal mit einem Style-Wechsel. Das heißt, sie verändern ihr Äußeres in Bezug auf Kleidung, Haarfarbe, Frisur, Schmuck und so weiter.

So ein Style-Wechsel kann sehr befreiend sein. Man macht dadurch ein Statement, das jeder auf den ersten Blick sieht:

- *„Schaut her, ich bin nicht mehr die Alte!"*

- *„Ich habe mich verändert, nehmt das bitte zur Kenntnis!"*

 *„Ich bin jetzt so, wie ich wirklich sein will."*

 *„Behandelt mich ab sofort anders/besser als bisher!"*

Obwohl Frauen im Allgemeinen ein größeres Modebewusstsein haben, als Männer, würde ich bei einem kompletten Wechsel des eigenen Styles auch als Frau eine Fachfrau oder einen Fachmann zurate ziehen.

Das lohnt sich in jedem Fall, und insbesondere dann, wenn man selbst nicht ganz sicher ist, wie das neue Outfit zur eigenen Persönlichkeit und zum eigenen Aussehen passt.

Übrigens, da mit einem Stilwechsel meist auch der Kauf neuer Kleidung einhergeht, kann man das Shoppen auch sehr schön als Belohnung für ein erreichtes Selbstbewusstseinsziel einsetzen. Sie haben heute einen wichtigen Punkt auf Ihrer Liste erledigt? Super, als Belohnung gibt es eine kleine Shopping-Tour.

## Übrigens:

Die Wahl Ihrer Kleidung sagt auch etwas darüber aus, wie Sie selbst über sich denken. Menschen, die ihre Kleidung vernachlässigen, signalisieren damit auch, dass sie sich selbst nicht wichtig genug fühlen, um sich korrekt und vorteilhaft zu kleiden. Dabei geht es nicht darum, möglichst immer in Abendgarderobe herumzulaufen. Man erkennt auch bei Freizeitklamotten auf einen Blick, ob der Träger sich Mühe gibt, damit gut auszusehen oder ob es ihm gleichgültig ist.

## Selbstbewusst durch gepflegtes Aussehen

Neben der Kleidung tragen natürlich auch gepflegtes Aussehen und Körperpflege dazu bei, wie wir auf andere wirken. Eine absolute Selbstverständlichkeit ist natürlich Sauberkeit. Dazu zählen unter anderem:

### Körperpflege

Körpergeruch ist ein absolutes No-Go! Wenn Sie dazu neigen, zu schwitzen oder wenn Sie nach der Arbeit oder nach dem Sport durchgeschwitzt sind, ist Duschen ein absolutes Muss! Es gibt kaum einen Faktor, der so zuverlässig negativ wirkt, wie unangenehmer Körpergeruch. Es ist nicht nur unangenehm, so etwas zu riechen, sondern erweckt auch sofort den Eindruck von Ungepflegtheit und Unsauberkeit. Beides wirkt sich negativ darauf aus, wie Sie von anderen wahrgenommen werden, aber auch darauf, wie Sie sich selbst fühlen.

### Haare

Die Haare tragen insbesondere bei Frauen ganz erheblich zum Selbstbewusstsein bei. Untersuchungen haben ergeben, dass sich über 70 Prozent der befragten Frauen an einem sogenannten „Good-Hair-Day" selbstbewusster und insgesamt „besser" fühlen. Aber auch der umgekehrte Fall trifft zu. So gaben die befragten Frauen an, sich an einem „Bad-Hair-Day" insgesamt unsicherer und einfach schlechter zu fühlen.

In der gleichen Befragung stellte sich heraus, dass die befragten Frauen der Ansicht waren, dass gepflegte und schöne Haare wesentlich zum beruflichen und privaten Erfolg beitragen. Die meisten gaben an, dass ihnen schönes und gepflegtes Haar bereits in Situationen wie zum Beispiel in einem Vorstellungsgespräch geholfen hat.

**Beispiel**

Simone, 28 berichtet:

*„Ich hätte nie gedacht, dass das (eine neue Frisur) so viel ausmacht. Ich fühle mich mit den kurzen Haaren ganz anders. Es kommt mir sogar so vor, als würden andere mir besser zuhören, seit ich meine Haare anders trage. Wenn ich alte Fotos anschaue, weiß ich gar nicht, warum ich das nicht schon viel früher so gemacht habe."*

Auch wenn Sie keine Traumfrisur, oder – als Mann – nur noch wenige Haare haben, trägt frisiertes und natürlich sauberes Haar wesentlich zu Ihrem Selbstbewusstsein bei. Schmutzige, fettige oder verfilzte Haare sind ein „No-Go".

Nutzen Sie schöne und gepflegte Haare für das Aufpolieren Ihres Selbstvertrauens und gönnen Sie sich ruhig häufiger mal einen Besuch beim Friseur. Ihr Selbstbewusstsein wird es Ihnen danken.

**Ein Tipp für die Männer**

Auch wenn man als Mann nur noch wenige Haare auf dem Kopf hat, kann das je nach Styling lahm (Modell „Opa") oder cool (Modell „Bruce Willis") aussehen. Vermeiden Sie, die fehlenden Haare dadurch zu ersetzen, indem Sie die restlichen Strähnen lang wachsen lassen und irgendwie kreuz und quer über den Kopf legen. Erstens sieht trotzdem jeder, was mit den Haaren los ist und zweitens sieht das in vielen Fällen auch einfach albern aus. Stehen Sie zu Ihrer Glatze und schneiden Sie die restlichen Haare möglichst kurz oder rasieren Sie sie gleich ganz ab. Das sieht immer deutlich besser aus, als die Trickserei mit den Resthaaren.

**Fingernägel**

Gepflegte Fingernägel sind wichtiger als oft angenommen. Die meisten Menschen blicken beim Kennenlernen zunächst auf das Gesicht, aber sofort danach auch auf die Hände.

Umfragen haben ergeben, dass das Aussehen der Hände und der Fingernägel zu den ersten Eindrücken, die Frauen auffallen, wenn Sie einen Mann kennenlernen. Sind die Fingernägel zu lang (das gilt vor allem bei Männern) und/oder schmutzig, wird dieser Eindruck oft auf den gesamten Menschen übertragen.

Natürlich gibt es Jobs, bei denen es sich nicht vermeiden lässt, dass die Fingernägel schmutzig werden. Spätestens nach Feierabend sollten sie aber penibel gesäubert werden. Nutzen Sie das Wissen um die Wichtigkeit gepflegter Fingernägel, um sich auf einfachste Weise ein Stück selbstsicherer zu fühlen.

## Tipp: Nägelkauen

Das „Abkauen" der Fingernägel ist eine lästige Angewohnheit, unter der viele Menschen schon seit ihrer Kindheit leiden. Abgesehen davon, dass es natürlich nicht schön ist, jemandem dabei zuzuschauen, sind auch die oft bis aufs Nagelbett abgekauten Nägel kein schöner Anblick.

Natürlich sollten die Betroffenen nach Wegen suchen, um den Drang zum Nägelkauen loszuwerden. Aber auch wenn das nicht gelingen sollte, ist Nägelkauen kein Grund, sich zu schämen. Es gibt Hunderttausende Erwachsene, die ebenfalls mit dieser Angewohnheit kämpfen. Nur können manche es besser verstecken als andere.

Betroffene, die sehr unter dem Nägelkauen leiden, sollten mit ihrem Arzt sprechen. Es gibt viele Methoden und Ansätze, wie man das Nägelkauen verringern oder gar ganz loswerden kann.

### Fußnägel

Für die Fußnägel gilt im Prinzip das Gleiche wie für die Fingernägel. Auch sie müssen ordentlich geschnitten und immer sauber sein. Allein das Wissen, dass Sie jederzeit und überall Schuhe und Strümpfe ablegen könnten, ohne dass es peinlich wird, trägt zur Selbstsicherheit bei.

Noch wichtiger ist die Pflege der Fußnägel in den Sommermonaten, wenn Füße und Zehen dank Sandalen oder Flip-Flops für jeden zu sehen sind.

### Haut

*„Die Haut ist der Spiegel der Seele."*

Vielleicht haben Sie diesen Satz schon einmal gehört oder gelesen. Richtig ist auf jeden Fall, dass sich psychische und andere gesundheitliche Probleme oft auch in einer ungesunden Veränderung der Haut äußern.

Umgekehrt lässt uns eine makellose, glatte Haut auch als besonders gesund und attraktiv erscheinen. Die Models, die für Kosmetikprodukte werben, haben allerdings häufig eine völlig unnatürlich glatte und reine Haut (oder erhalten sie mithilfe von Bildbearbeitungsprogrammen wie Photoshop).

Wir sollten uns also davon nicht beeindrucken lassen. Jeder erwachsene Mensch hat mehr oder weniger viele Pickel, Falten oder Pigmentstörungen. Leberflecke, Sommersprossen oder Rötungen sind etwas völlig Normales, wenn sie nicht gehäuft auftreten.

Allerdings gehört eine gepflegte und gesunde Haut auch zu den Dingen, die uns attraktiver und damit auch selbstbewusster erscheinen lassen und selbstbewusster machen. Krankhafte Veränderungen der Haut, wie zum Beispiel starke Akne, sollten vom Arzt untersucht und entsprechend behandelt werden.

Bei unreiner oder problematischer Haut lohnt sich immer ein Besuch bei einer Kosmetikerin. Diese bietet fachlicher Beratung und kennt oft auch kleine Tipps und Tricks, wie man sein Aussehen verbessern oder interessanter gestalten kann. Das gilt übrigens nicht nur für Frauen. Es gibt mittlerweile auch viele Männer, die diesen Service in Anspruch nehmen.

**Schminken**

Auch die Teilnahme an einem Schminkkurs kann manchmal Wunder wirken. Lassen Sie sich zeigen, wie Sie mit Mascara, Eyeliner oder Lidschatten Effekte erzielen, die Ihr Aussehen unterstützen und weniger schöne Aspekte in den Hintergrund treten zu lassen.

Wenn Sie gar keine Lust haben, eine Kosmetikerin oder eine professionelle Visagistin aufzusuchen, kann Ihnen in vielen Fällen auch der gute alte Friseur oder – wahrscheinlicher - eine der anwesenden Friseurinnen gute Tipps zu diesem Thema geben. Auch bei YouTube finden Sie zahlreiche Schminkanleitungen für jeden Geschmack.

**Zähne**

Lächeln ist ein wichtiger Bestandteil von selbstbewusstem Auftreten. Allerdings kann das schönste Lächeln ruiniert werden, wenn dadurch unsaubere oder defekte Zähne zu sehen sind.

Zahnpflege gehört deshalb zum A und O, wenn es um das Thema Selbstbewusstsein geht. Gut gepflegte Zähne sehen nicht nur gut aus, sondern tragen auch zum eigenen Selbstvertrauen bei. Umgekehrt können ungepflegte, kariöse oder verfärbte Zähne stark am Selbstbewusstsein kratzen. Wer sich nicht traut, zu lächeln, weil er seine Zähne nicht zeigen möchte, hat sicher auch Probleme, selbstbewusst aufzutreten.

Damit Zähne gesund und vorzeigbar bleiben, müssen sie natürlich täglich gepflegt werden. Dazu gehört auch, dass die Zähne möglichst nach jeder Mahlzeit geputzt werden. Unschön verfärbte Zähne sollte man regelmäßig beim Zahnarzt reinigen und – nach Rat des Arztes – auch aufhellen lassen. Wichtig ist es allerdings in diesem Fall auch die Ursache der Verfärbungen anzugehen. Dazu gehören zum Beispiel das Rauchen und der regelmäßige Konsum von Tee, Kaffee oder Rotwein.

Zahnfehlstellungen sollte man als Erwachsener nur noch dann beheben lassen, wenn sie einen wirklich stören. Nicht jeder Zahn muss aussehen wie die strahlend weißen Vorbilder aus der Werbung. Kleine Abweichungen sind völlig normal und können sogar ganz nett aussehen.

Völlig unabdingbar ist allerdings, dass die Zähne sauber sind und nicht etwa unangenehmen Mundgeruch verbreiten. Ebenso selbstverständlich sollten der halbjährliche Besuch beim Zahnarzt und die „Reparatur" defekter Zähne sein.

### *Mundgeruch – DER Selbstbewusstseinskiller*

Mundgeruch beschädigt das eigene Selbstbewusstsein erheblich. Wer ständig Angst hat, beim Sprechen eine unangenehme Duftwolke auszustoßen, wird sich kaum entspannt und selbstbewusst mit anderen unterhalten können. Und an eine nähere Kontaktaufnahme zum Beispiel beim Küssen, ist mit Mundgeruch erst gar nicht zu denken!

Aber nicht jede Art von Mundgeruch lässt sich einfach durch Zähneputzen beseitigen. Manchmal stecken auch andere Ursachen (zum Beispiel Probleme mit dem Magen) dahinter. Sollten Sie häufiger unter Mundgeruch leiden, klären Sie am besten mit Ihrem Arzt, was Sie dagegen tun können.

Im Zweifelsfall helfen Pfefferminzbonbons oder spezielle Kaugummis,

um den Mundgeruch zumindest zeitweise zu vertreiben. Es lohnt sich
also, immer ein Päckchen davon dabei zu haben, um für alle Eventualitä-
ten gewappnet zu sein.

# 4. KÖRPERSPRACHE

Körpersprache, also die Art und Weise, wie wir uns bewegen, wie wir stehen, sitzen oder welche Miene wir aufsetzen, ist ein ganz wesentlicher Bestandteil der Kommunikation mit anderen Menschen. Unsere Gedanken und Einstellungen werden durch unsere Körpersprache für andere sichtbar, ohne dass wir ein Wort sagen müssen. Man spricht deshalb auch von nonverbaler – also nicht-sprachlicher – Kommunikation".

Wenn wir zum Beispiel die Arme vor dem Körper verschränken, zeigen wir, dass wir uns von unserem Gesprächspartner abgrenzen oder uns schützen wollen. Überraschung oder Ungläubigkeit drücken wir unbewusst durch das Hochziehen oder Zusammenziehen der Augenbrauen aus. Umgekehrt zeigt unser Gesichtsausdruck Freude oder Zustimmung durch ein Lächeln an. Auch Emotionen wie Angst und Erregung zeigen sich durch Körpersignale.

Untersuchungen haben gezeigt, dass die Körpersprache oft sogar wichtiger ist, als das, *was* gesagt wird. Die gleichen Sätze wirken – je nach Körpersprache – einmal besonders überzeugend und glaubwürdig, ein anderes Mal zweifelhaft und unwichtig.

Der amerikanische Psychologe, Albert Mehribian, beschreibt in seinem Buch „Silent Messages", dass weit mehr als 50 % des Inhaltes einer Kommunikation ausschließlich durch Gestik und Mimik transportiert werden.

Wenn wir die Körpersprache lesen können (und das können die meisten von uns ganz intuitiv), dann zeigt sie uns nicht nur, in welcher Stimmung unser Gegenüber ist, sondern verrät uns auch einiges über dessen Absichten und sein Selbstbild. Auch ob jemand selbstbewusst und selbstsicher ist, kann man aus seiner Körpersprache herauslesen. Das ist gar nicht schwer und die meisten von uns tun das täglich viele Male, auch wenn uns das in der Regel gar nicht bewusst wird.

Es ist also äußerst wichtig, sich der Bedeutung von Körpersprache bewusst zu sein. Das hilft nicht nur dabei, andere besser zu verstehen und ggf. auch zu durchschauen, sondern auch dabei, selbst die Signale auszusenden, von denen wir wünschen, dass sie bei unseren Gesprächspartnern ankommen.

# Die richtige Körperhaltung macht selbstsicher

Überprüfen Sie kurz Ihre Körperhaltung, während Sie diese Zeilen lesen. Sitzen Sie aufrecht, oder eher zusammengesunken? Ist Ihre Wirbelsäule gerade oder vornüber gekrümmt? Was ist mit Ihren Schultern? Sind sie entspannt oder nach vorne gezogen?

Wie auch immer Ihre Körperhaltung in diesem Moment ist, sie beeinflusst zu einem erheblichen Teil, Ihr Selbstbewusstsein. Das geschieht ganz unbewusst, sodass wir in der Regel nichts davon bemerken. Mehrere groß angelegte psychologische Untersuchungen haben das gezeigt. Die Körperhaltung und das Selbstbewusstsein sind eng miteinander verbunden. Und die Verbindung wirkt nicht nur in eine Richtung:

Es ist nicht nur so, dass selbstbewusste Menschen eine besonders aufrechte Körperhaltung einnehmen. Nein, auch der umgekehrte Fall trifft zu. Menschen, die eine aufrechte Körperhaltung einnehmen, fühlen sich danach selbstbewusster.

Wir haben hier also ein ganz einfaches Mittel an der Hand, das Ihnen hilft, Ihr Selbstbewusstsein mit geringstem Aufwand und innerhalb kürzester Zeit messbar zu verbessern.

**Das wussten schon unsere Mütter:**

Nicht umsonst wurden wir als Kinder und Jugendliche immer wieder dazu aufgefordert „gerade" zu sitzen. Psychologische Studien haben immer wieder gezeigt, dass wir uns beim aufrechten Sitzen und Stehen nicht nur selbstbewusster fühlen, sondern auch tatsächlich bessere Leistungen erbringen als mit einer zusammengesunkenen Körperhaltung.

**Trick - Aufrechte Körperhaltung:**

Um eine gute, aufrechte Körperhaltung einzunehmen, hilft folgender Trick. Stellen Sie sich vor, dass die höchste Stelle Ihres Kopfes an einem Band aufgehängt ist. Richten Sie Ihren Körper nun so auf, dass er sich möglichst in einer geraden Linie mit dem Band befindet. Halten Sie Ihren Körper und Ihren Kopf so, dass sie ganz leicht an dem Band hängen. Sie werden sehen, wie gut das funktioniert.

Also: Nehmen Sie eine aufrechte Körperhaltung ein. Ihr Selbstbewusstsein wird es Ihnen danken!

# Hände – Arme - Schultern

Die Hände spielen bei der Kommunikation mit anderen eine wichtige Rolle. Ihre Bewegungen sind eng mit dem verbunden, was wir denken und fühlen.

- **Sichtbarkeit der Hände**

  Sind die Hände sichtbar, wird das als Offenheit und Ehrlichkeit gedeutet. Hände in den Hosentaschen oder hinter dem Rücken wirken negativ und manchmal sogar bedrohlich.

- **Hand-Hals-Gesten**

  Unbedingt vermeiden sollte man sogenannte „Hand-Hals-Gesten". Damit sind alle Gesten und Bewegungen gemeint, bei denen eine oder beide Hände in Richtung von Hals, Gesicht oder Nase bewegt werden.

  Hand-Hals-Gesten haben fast immer negative Bedeutungen:

  ☹     Griff an den (eigenen!) Hals = Angst, Unwohlsein

  ☹     Griff zum Ohrläppchen = Bestrafungsgeste

  ☹     Hand zur Nase = Unsicherheit/Verlegenheit

- **Hände in die Hüften stützen**

  Werden die Hände in die Hüften gestützt, ist dies meist ein Zeichen von Erregung, Aufregung oder Nervosität.

- **Hände reiben**

  Das Reiben der Hände drückt Zufriedenheit aus, kann aber vom Gesprächspartner leicht negativ aufgefasst werden. Dies insbesondere in Verhandlungsgesprächen, bei denen der Verhandlungspartner durch die Geste den Eindruck bekommt, dass etwas zu seinem Nachteil geschieht.

- **Handflächen nach oben**
  Werden die Handflächen hingegen nach oben gedreht, wirkt dies wie eine Entschuldigung oder gar Unterwerfung. Man verschlechtert mit einer solchen Geste den Eindruck, den man auf den Gesprächspartner macht, weil man sich dadurch selbst abwertet oder sich selbst in eine defensive Position bringt.

### „Ich habe gelesen, dass Berührungen sympathisch machen."

Den anderen während eines Gesprächs zu berühren, kann ein wichtiges und positives Signal sein - wenn es richtig gemacht wird! Das beginnt bei uns im Westen in der Regel schon damit, dass wir selbst Personen, die wir nicht kennen, die Hand schütteln. Auch leichte (!) Berührungen am Arm werden in der Regel positiv aufgefasst. Bei Untersuchungen erhielten zum Beispiel Bedienungen in einem Restaurant regelmäßig mehr Trinkgeld, wenn sie den Gast während seines Besuchs kurz am Arm berührt hatten. Es scheint also so, dass wir Menschen, die uns kurz berühren, danach für etwas sympathischer halten als zuvor.

Das bedeutet aber nicht, dass das Berühren fremder Menschen generell OK wäre. Grundsätzlich gilt, je weniger gut Sie eine Person kennen, desto sparsamer und vorsichtiger sollten Sie Berührungen während eines Gesprächs einsetzen. Wenn Sie ein Mann sind, gilt dies umso mehr in Bezug auf Frauen. Hier sollten Sie prinzipiell ohne ausdrückliche Aufforderung auf jede Form der Berührung verzichten.

### Arme

Die meisten von uns wissen, dass vor dem Körper gekreuzte Arme Distanz und oft auch Ablehnung ausdrücken. Damit kann sowohl die Person gemeint sein, die vor uns steht, oder aber auch nur deren gerade vorge-brachte Argumente.

Generell wirkt das Kreuzen der Arme, das auch als „Mauerbildung" be-zeichnet wird, eher negativ. Auf jeden Fall widerspricht es einer offenen, entspannten Haltung, die von einem selbstbewussten Menschen erwartet wird.

### Schultern

Unsere Schultern sagen viel darüber aus, wie wir uns fühlen und welche Gedanken uns während eines Gesprächs durch den Kopf gehen.

Nach oben und/oder nach vorne gezogene Schultern zeigen an, dass wir angespannt sind oder uns in der Situation nicht wohlfühlen.

# Gesamteindruck

**Gesamteindruck: So wirken Sie selbstbewusst:**

- Gerader Rücken

- Schultern leicht nach hinten

- Blick nach vorne gerichtet

- Tiefer und regelmäßiger Atem

- Lächelnder Gesichtsausdruck

**Gesamteindruck: So wirken Sie unsicher:**

- Gekrümmter Rücken

- Blick auf den Boden gerichtet

- Schultern nach vorne gezogen

- Schultern hochgezogen

- Kopf nach hängen lassen

- Flacher Atem

- Kurzatmigkeit

- Ausdrucksloser Gesichtsausdruck

**Trick: Körpergröße**

Große Menschen werden für selbstbewusster und erfolgreicher gehalten. Das haben viele unterschiedliche Studien ergeben. So liegt zum Beispiel die durchschnittliche Körpergröße von Führungskräften in großen Unternehmen deutlich über der der Gesamtbevölkerung.

Ganz gleich, wie groß Sie sind. An Ihrer Körpergröße werden wir nichts ändern können. Was wir aber ändern können, ist, wie groß Sie im Alltag *erscheinen*. Mit ein paar kleinen Tricks wirken Sie sofort einige Zentimeter größer und fühlen sich auch so.

Die einfachste und nahe liegende Möglichkeit besteht darin, Schuhe mit hohen Sohlen und/oder Absätzen zu tragen. Während das für die Frauen relativ unproblematisch möglich ist, müssen Sie als Mann ein wenig nach entsprechenden Schuhen suchen. Achten Sie darauf, dass die Schuhe optisch nicht besonders auffallen, denn sonst werden Sie sie schon nach kurzer Zeit nicht mehr tragen. Es gibt Hersteller, die Schuhe speziell für diesen Zweck produzieren. Diese Schuhe sehen äußerlich ganz normal aus, erhöhen aber die Körpergröße um einige Zentimeter.

### Offenheit und Raum

Grundsätzlich wirkt es selbstsicher, wenn man ein wenig mehr Raum einnimmt, als unbedingt nötig wäre. Das kann zum Beispiel dadurch geschehen, dass die Beine nicht dicht nebeneinander, sondern etwas weiter voneinander entfernt stehen. Sowohl im Stehen als auch im Sitzen macht das einen selbstsicheren Eindruck.

Natürlich gilt auch hier: Nicht übertreiben! Es macht überhaupt keinen guten Eindruck, wenn Sie wie Rambo gleich mehrere Sitzplätze belegen oder breitbeinig wie John Wayne im Meeting sitzen.

Unsere Arme sind gut dafür geeignet, Offenheit auszudrücken. Der Ausdruck „Jemanden mit offenen Armen empfangen" beschreibt gut, was damit gemeint ist. Auch im Sitzen kann man einen Arm öffnen. Wird ein Arm im Sitzen locker auf die Rückenlehne des danebenstehenden Stuhls gelegt, kann das entspannt und selbstsicher wirken. Natürlich sollte auf dem Stuhl neben Ihnen dann niemand sitzen, sonst wäre eine solche Armhaltung natürlich viel zu aufdringlich.

**Vorsicht: Fettnäpfchen!**

Die Bedeutung bestimmter Gesten kann in verschiedenen Kulturkreisen sehr unterschiedlich sein. Was bei uns im Westen als freundschaftliche Geste gilt, kann zum Beispiel in Asien Empörung hervorrufen.

Wenn Sie also zu Gast einem fremden Land sind, oder häufiger mit Menschen aus anderen Kulturkreisen zu tun haben, sollten Sie sich mit den Besonderheiten von Gestik und Mimik beschäftigen.

# Mit der richtigen Mimik zu mehr Selbstbewusstsein

Der Gesichtsausdruck ist ein wichtiger Bestandteil jeder Kommunikation. Je nachdem unterstützt oder verhindert er, dass unsere Aussagen auch bei unseren Gesprächspartnern ankommen.

Unser Gesichtsausdruck enthüllt noch stärker als der restliche Körper das, was wir wirklich denken, oder wie wir uns gerade fühlen. Mithilfe vieler kleiner Muskelgruppen im Gesicht und um die Augen herum können wir mit unserer Mimik viele Gesichtsausdrücke in unzähligen, oft winzigen, Abstufungen erzeugen.

Einige davon erfolgen völlig unwillkürlich, sodass es fast unmöglich ist, sie willentlich zu steuern. Deshalb ist es auch so schwierig, die eigenen, wahren Gefühle zu verstecken. Ein geübter Beobachter kann aus der Mimik und den Augenbewegungen eines Menschen zum Beispiel leicht herauslesen, ob dieser die Wahrheit sagt oder ob er lügt. Bei der amerikanischen Polizeibehörde FBI sind schon seit Langem solche Spezialisten im Einsatz, die oft erfolgreicher sind als zum Beispiel ein klassischer „Lügendetektor".

### Mit der richtigen Mimik zu mehr Selbstvertrauen und guter Stimmung

Die meisten Leute denken, dass Lächeln ein Ausdruck von Freude und angenehmen Gefühlen ist. Doch nur wenige wissen, dass es auch andersherum funktioniert. In mehreren Untersuchungen konnte nachgewiesen werden, dass es möglich ist, durch den richtigen Gesichtsausdruck die eigene Stimmung zu verbessern.

In einer der bekannteren Studien erhielten die Probanden die Aufgabe, einen Bleistift waagerecht mit den Lippen zu halten. Eine Kontrollgruppe bekam die Aufgabe, den Stift mit gespitzten Lippen zu halten, sodass sie ein lautloses „O" formten.

Nach einem kurzen Training konnten die Versuchsleiter feststellen, dass sich die Stimmung der Teilnehmer, die mit dem Stift „gelächelt" hatten, messbar verbessert hatte. Die Stimmung der anderen Teilnehmer hatte sich hingegen gar nicht verbessert, sondern zum Teil sogar verschlechtert.

Sie sehen also, Lächeln nützt uns auch dann, wenn uns eigentlich gar nicht zum Lachen zumute ist. Sie können durch bewusstes Lächeln also selbst Ihre Stimmung verbessern! Sie benötigen dazu weder Geld noch Schokolade, weder Medikamente noch Drogen oder andere Glücklichmacher.

Nutzen Sie diese Fähigkeit, wann immer sich eine Gelegenheit bietet, insbesondere aber dann, wenn Ihre Stimmung gedrückt ist.

**Zitat**

*„Das Leben meistert man entweder lächelnd oder überhaupt nicht."*

*(Chinesisches Sprichwort)*

**Natürlich hat Lächeln auch noch viele weitere Vorteile.**

Menschen, die wir anlächeln, halten uns automatisch für sympathisch und freundlich. Das geschieht fast zwangsläufig und niemand kann sich dagegen wehren. Natürlich fällt es uns dadurch auch viel leichter, selbstbewusst aufzutreten.

### *Hilft eigentlich nur „echtes" Lächeln?*

Manchmal kann man lesen, dass die Stimmungsverbesserung durch Lächeln nur dann funktioniert, wenn es sich um ein „echtes" Lächeln handelt, weil nur dadurch bestimmte Muskeln um die Augen herum aktiviert würden. Tatsache ist, dass <u>jede</u> Form von Lächeln wirkt. Das haben Forscher im Frühjahr 2019 noch einmal im Rahmen einer Metastudie (eine Untersuchung vieler Studienergebnisse) überprüft. Umso mehr Sie sich dabei dann in ein „echtes" Lächeln hineindenken können, umso besser.

Wenn Ihnen das nicht (immer) gelingt, lächeln Sie trotzdem. Sie merken sofort, dass sich Ihre Stimmung und Ihr Selbstbild dadurch verbessern.

# Blickkontakt

Der erste Kontakt zu einem Menschen findet immer über die Augen statt. Gleichzeitig strahlt ein ruhiger Blickkontakt Souveränität und Selbstbewusstsein aus. Deshalb sollten wir diesem Teil der Körpersprache besondere Aufmerksamkeit schenken.

1. Dem Blickkontakt auszuweichen, erzeugt einen Eindruck von Unsicherheit und mangelnder Glaubwürdigkeit. Aus diesem Grunde sollten Sie üben, dem Blickkontakt mit anderen Menschen standzuhalten. Sie werden sehen, mit ein wenig Übung ist das gar nicht so schwierig.

2. Es ist wichtig, auch während wir selbst sprechen, immer wieder den Augenkontakt zu unserem Gegenüber zu suchen. Nur so können wir feststellen, ob er uns noch folgen kann und ob er aufmerksam zuhört.

3. Um dem anderen zu zeigen, dass wir an dem, was er sagt, interessiert sind, ist es ebenfalls wichtig, immer wieder den Augenkontakt zu suchen, während er spricht.

### Tipp: Nicht anstarren

Den meisten Menschen ist es unangenehm, wenn sie von anderen, für längere Zeit angeschaut oder „angestarrt" werden. Sie sollten es also mit dem Augenkontakt nicht übertreiben. Spätestens, wenn Sie feststellen, dass der andere den Blick abwendet oder Ihren Blicken ausweicht, sollten Sie ihn nicht noch intensiver anschauen.

# Die vorher / nachher - Übung

Nehmen Sie Ihre ganz normale Körperhaltung ein, wie Sie es vor dem Lesen dieses Artikels auch getan hätten. Betrachten Sie nun Ihr Bild im Spiegel. Was fällt Ihnen auf? Wie würden Sie Ihre Ausstrahlung bezeichnen? Bewerten Sie Ihre Ausstrahlung auf einer Skala von 1 (gar nicht selbstbewusst) bis 10 (sehr selbstbewusst).

Nehmen Sie nun die bisher beschriebenen Korrekturen an Ihrer Körperhaltung vor. Stehen Sie aufrecht, schauen Sie nach vorn, lächeln Sie und so weiter. Schauen Sie jetzt in den Spiegel.

Wenn Sie alles richtig machen, sollten Sie nun einen völlig anderen Menschen vor sich sehen. Bewerten Sie Ihr Spiegelbild jetzt noch einmal auf der Selbstbewusstseinsskala von 1 – 10. Welchen Wert erreichen Sie jetzt? Was glauben Sie, wie Sie mit dieser Körperhaltung nun auf andere wirken?

Versuchen Sie, sich im Alltag immer wieder an das Gelernte zu erinnern. Vielleicht hilft es Ihnen, wenn Sie kleine farbige Aufkleber an verschiedenen Stellen Ihrer Wohnung anbringen. Zum Beispiel je einen am Badezimmerspiegel, am Kühlschrank und einen an der Wohnungstür, damit Sie sich erinnern, wenn Sie die das Haus verlassen.

Versuchen Sie, aus Ihrer neuen Körperhaltung eine Gewohnheit zu machen. Das ist am Anfang schwierig, aber umso einfacher, wenn Sie es einmal geschafft haben und ganz automatisch eine selbstbewusste Körperhaltung einnehmen.

# 11 Körpersprache-Tricks, die <u>sofort</u> funktionieren

Die folgenden Tipps können Sie sofort umsetzen. Beginnen Sie mit einer aufrechten Körperhaltung. Sie werden schon nach wenigen Minuten merken, dass Sie sich besser und selbstbewusster fühlen, wenn Sie Ihren Körper aufrichten. Versuchen Sie nicht, alle Tipps auf einmal umzusetzen. Nehmen Sie sich ein oder zwei vor und konzentrieren Sie sich darauf. Am folgenden Tag können Sie zwei andere wählen. Wenn Sie das regelmäßig tun, werden die positiven Verhaltensweisen nach und nach zur Gewohnheit.

## 1. Aufrecht sitzen und stehen

Beim Stehen und auch im Sitzen soll der Rücken gerade und aufrecht sein. Halten Sie den Kopf immer aufrecht. (Denken Sie an das Band, an dem Ihr Kopf aufgehängt ist.) Sie machen auf diese Weise einen selbstbewussten, wachen und konzentrierten Eindruck.

## 2. Schultern entspannen

Entspannen Sie Ihre Schultern und bewegen Sie sie leicht nach hinten und nach unten. Sie wirken dann entspannt und selbstbewusst.

## 3. Arme und Beine <u>nicht</u> kreuzen

Beides wirkt auf unsere Gesprächspartner ablehnend und verschlossen. Halten Sie Arme und Beine in einer offenen Position, um Selbstvertrauen und Offenheit auszudrücken.

## 4. Blickkontakt herstellen

Schauen Sie Ihren Gesprächspartnern immer wieder (kurz) in die Augen. Sie vermitteln so, dass Sie mit Interesse und Selbstbewusstsein bei der

Sache sind. Wenn Sie selbst reden, versichern Sie sich zwischendurch immer wieder per Blickkontakt, ob Ihr Gesprächspartner Ihnen noch folgt.

## 5. Einen passenden Händedruck wählen

Reichen Sie Ihrem Gegenüber zur Begrüßung die Hand. Erwidern Sie seinen Händedruck mit einem festen, aber nicht zu starken Gegendruck. Vermeiden Sie einen zu laschen Händedruck („Spaghetti-Griff"). Der wirkt schwach und unentschlossen. Ein fester Händedruck lässt Sie hingegen selbstsicher erscheinen.
Vorsicht bei zierlichen Frauen und älteren Menschen: Passen Sie Ihren Händedruck an und zerquetschen Sie niemanden die Hand!

## 6. Nicken und Kopf schütteln

Nicken Sie Ihrem Gesprächspartner zu, wenn Sie einer seiner Aussagen zustimmen wollen. Vermeiden Sie es, Aussagen, bei denen Sie anderer Meinung sind, durch ein Kopfschütteln zu kommentieren.

## 7. Lächeln

Lächeln Sie, wann immer sich die Gelegenheit ergibt. Lächeln lässt Sie entspannt und sympathisch erscheinen. Wenn Sie lächeln, machen Sie einen freundlichen und selbstbewussten Eindruck.

## 8. Spiegeln

Vielleicht haben Sie schon einmal gelesen, dass Menschen es als besonders sympathisch empfinden, wenn ein Gesprächspartner die eigene Körperhaltung nachahmt oder spiegelt.

Das ist grundsätzlich auch richtig. Man muss bei dieser Technik allerdings sehr darauf achten, dass man es nicht übertreibt. In keinem Fall darf der

Gesprächspartner bemerken, dass man diese Technik anwendet. Optimalerweise ergibt sich das Spiegeln sogar von selbst. Es ist nämlich eine dem Menschen angeborene Fähigkeit, mit der meist unbewusst Zu- oder Abneigung gegenüber anderen Menschen ausgedrückt werden kann.

### 9. Nicht das eigene Gesicht berühren

Vermeiden Sie jede Berührung Ihres eigenen Gesichts. Kratzen Sie nicht an Ihrer Nase, zupfen Sie nicht an den Ohrläppchen und auch nicht an den Haaren. Alle diese Gesten lassen Sie nervös und abgelenkt erscheinen.

### 10. Sich dem anderen zuwenden

Zeigen Sie Ihren Gesprächspartnern, dass Sie aufmerksam bei der Sache sind. Wenden Sie sich dem jeweiligen Sprecher zu. Eine ganz oder halb abgewendete Körperhaltung signalisiert Verschlossenheit, Desinteresse oder Angst.

### 11. Die Hand nicht vor den Mund halten.

Wird der Mund beim Sprechen verdeckt, wirkt das so, als würde der Sprecher nicht die Wahrheit sagen.


**Tipp: Die eigene Stimmung beeinflusst unsere Wahrnehmung!**
Menschen neigen dazu, bei ihrem Gegenüber vor allem die Körpersignale wahrzunehmen, die sie erwarten. Vertritt zum Beispiel jemand eine unserer eigenen entgegengesetzte Meinung, kann es passieren, dass wir bei ihm plötzlich viele negative Körpersignale zu erkennen glauben.

Das gleiche Phänomen der selektiven Wahrnehmung tritt auch im Zusammenhang mit unserer eigenen aktuellen Stimmung auf. Ist unsere

Stimmung gedrückt oder auch wütend, neigen wir dazu, die Körpersignale unserer Gesprächspartner viel negativer einzuschätzen, als es der Fall wäre, wenn wir gut gelaunt sind.

Daran kann man nicht viel ändern. Es hilft aber bereits, es zu wissen, um die eigene Wahrnehmung relativieren zu können. Wenn man das weiß, kann man zum Beispiel vermeiden, schwierige Gespräche gerade dann zu führen, wenn man ohnehin schon schlechte Laune hat.

**Wie uns Clint Eastwood dabei hilft, selbstbewusster zu wirken**

Wie bereits erwähnt, spricht übrigens nichts dagegen, sich daran zu orientieren, welche Körpersprache andere, selbstbewusste Menschen einsetzen. Wählen Sie Personen aus Ihrem Freundes- oder Bekanntenkreis aus, deren Verhalten Ihnen selbstbewusst und nachahmenswert erscheint.

Auch von Schauspielern kann man viel lernen. Bei ihnen ist die Körpersprache oft so gut herausgearbeitet, dass man hervorragend erkennen kann, welche Mittel sie einsetzen, um zum Beispiel eine besonders selbstbewusste Rolle zu spielen. Wie gut das funktioniert, sieht man daran, wie problemlos selbst Schauspieler, von denen man weiß, dass sie von Ängsten und Selbstzweifeln geplagt werden, mutige und selbstbewusste Figuren verkörpern können.

# Liste der Bedeutungen von Körpersignalen

In der folgenden Liste finden Sie die Bedeutungen der häufigsten Körpersignale, die in Gesprächen vorkommen. Bedenken Sie, dass die Bedeutung einer Geste oder einer Körperhaltung immer auch im Zusammenhang mit der aktuellen Situation und dem Verhältnis der Gesprächspartner gesehen werden muss.

**Aufrecht stehen oder sitzen:**
Zuversicht, Selbstvertrauen

**Arme vor dem Körper verschränken:**
Ablehnung, Abwehren, Abgrenzung

**Rücken aufrecht:**
Zuversicht, Selbstvertrauen

**Rücken zusammengesunken:**
Mutlosigkeit, Trauer, Angst

**Schultern hochgezogen:**
Unsicherheit, Angst

**Schultern zucken:**
Gleichgültigkeit, Ratlosigkeit

**Augenbraue(n) hochgezogen:**
Überraschung, Skepsis

**Augenbrauen zusammengezogen:**
Ungläubigkeit, Skepsis, Ablehnung

**Fassen oder Schlagen an die Stirn:**
Vergesslichkeit, plötzliches Verstehen

**Trommeln mit den Fingern:**

Nervosität, Unsicherheit (außer bei Schlagzeugern ;-) )

**Mit den Haaren spielen:**
Unsicherheit, Flirten

**Gekreuzte Beine:**
Abgrenzung, Ablehnung

**Herumspielen an Kette, Brosche, Haarklammer, Ring:**
Nervosität, Flirten

**Ohrläppchen reiben:**
Flirten, oder auch Bestrafungsgeste

**Blickkontakt:**
Interesse, Neugier

**Blickkontakt vermeiden:**
Unsicherheit, eigene Gefühle verbergen, lügen

**Den Mund mit der Hand, den Händen verbergen:**
Unsicherheit, Lügen

**Kräftiger Händedruck:**
Dominanz, Kräftemessen, Selbstsicherheit

**Schwacher Händedruck (Spaghetti-Griff):**
Schwäche, Unsicherheit, Angst

**Schultern hängen lassen:**
Belastung, Trauer, Depression

**Kopf beim Zuhören zu einer Seite neigen:**
Interesse, Aufmerksamkeit

**Arme auf dem Rücken verbergen:**
Unsicherheit, Angst

**Aufeinander gepresste Lippen:**
Entschlossenheit, Ablehnung, Aggression, Konzentration

**Auf die Lippen beißen:**
Nervosität, Anspannung, Konzentration

**Wiederholtes Blinzeln:**
Nervosität, Unsicherheit (oder was ins Auge bekommen ;-)

**Hände hinter dem Rücken:**
Unsicherheit, aber auch Bedrohung

**Offener Mund:**
Nervosität, Anspannung, Überraschung

**Mahlen mit dem Kiefer:**
Anspannung, Unbeherrschtheit

**Hände in den Hosentaschen:**
Überheblichkeit, Unsicherheit, mangelndes Benehmen

# 5. SPRACHE, SPRECHEN UND SMALL TALK

Die Stimme ist das zentrale und wichtigste Instrument unserer Kommunikation. Untersuchungen zeigen, dass der Eindruck, den jemand durch gesprochene Sprache macht, nur zu einem Teil durch den Inhalt dessen, hervorgerufen wird, <u>was</u> er sagt. Mindestens genauso wichtig sind die Art und Weise des Sprechens, die Wortwahl, die Betonung und die Artikulation des Gesprochenen.

Die Wichtigkeit einer souveränen, korrekten und gut artikulierten Sprache für das Selbstbewusstsein kann gar nicht überschätzt werden!

# So geht selbstbewusstes Sprechen

## Tipp: Trockenübungen

Ein ganz einfaches, aber sehr wirkungsvolles Mittel, um mehr Sicherheit beim Sprechen zu erlangen, ist das Sprechen-Üben. Jeder Manager, Politiker oder Schauspieler tut das regelmäßig.

Kein Politiker hält eine Rede, die er nicht zuvor eingeübt hat. Politiker und Schauspieler lassen sich von Profis darin unterrichten, wie man selbstbewusst und überzeugend spricht oder wie man Fragen von Journalisten routiniert beantwortet. Warum sollten wir das Sprechen-Üben also nicht auch für unsere Zwecke nutzen?

Will man sich auf ein Gespräch mit einer bestimmten Person vorbereiten, ist es sinnvoll, in Gedanken oder auf dem Papier die Antworten oder Fragen durchzugehen, die diese Person vielleicht oder wahrscheinlich stellen wird. Auf diese Weise merkt man sofort, wo es bei der eigenen Argumentation „hakt", oder was man vielleicht besser anders formulieren sollte.

Es geht dabei nicht darum, den Text auswendig zu lernen oder eine Sprache zu verwenden, die Sie normalerweise nie benutzen würden. Das würde jedem sofort auffallen, Sie würden dann auch nicht mehr natürlich wirken, was grundsätzlich keinen guten Eindruck hinterlässt. Bleiben Sie also bei dem, was und wie Sie sprechen, immer Sie selbst.

### Üben vor dem Spiegel

Ich weiß, es ist anfangs schwierig, sich dazu zu überwinden. Es wirkt zunächst merkwürdig und irgendwie peinlich. Machen Sie sich nichts daraus. Schauspieler, Politiker und andere Personen des öffentlichen Lebens tun es auch. Und was denen recht ist, sollte doch wohl für Sie auch in Ordnung sein, oder?

## ARTIKULATION

Eine deutliche und klare Aussprache trägt wesentlich dazu bei, einen selbstbewussten Eindruck zu machen. Wer deutlich spricht, wird nicht nur besser verstanden, sondern wirkt auch sicher und glaubwürdig.

**Konsonanten deutlich artikulieren:**

Konsonanten, also stimmlose Buchstaben wie z. B. „k", „s", „b" oder „p" tragen wesentlich dazu bei, das Sprechen deutlicher zu machen. Achten Sie also beim Sprechen immer darauf, dass Sie die Konsonanten laut und deutlich aussprechen. Vermeiden Sie es, Konsonanten zu „verschlucken", wie es viele Menschen, insbesondere am Ende von Wörtern, gerne tun.

Achten Sie darauf, dass Sie ähnlich klingende Konsonanten wie zum Beispiel „b" und „p" oder „g" und „k" so deutlich aussprechen, dass der Zuhörer, ohne nachzudenken, immer weiß, welcher Laut gemeint ist.

### ☑ Übung

Sprechen Sie folgenden Buchstaben (insbesondere die Konsonanten) laut, klar und deutlich aus. Sprechen Sie so, wie die Laute auch gesprochen werden – nicht wie im Alphabet. Also nicht „pe – te – ka" sondern „p – t – k". Es reicht völlig aus, wenn Sie diese Übungen einmal pro Woche für 5 – 10 Minuten durchführen. Öfter schadet natürlich nicht.

- p-t-k – p-t-k – p-t-k – p-t-k – p-t-k – p-t-k – p-t-k – p-t-k
- k-t-p – k-t-p – k-t-p – k-t-p – k-t-p – k-t-p – k-t-p – k-t-p
- pep – pop – pup – pip – piep – pap
- kek – kok – kuk – kik – kiek – kak
- tet – tot – tut – tit – tat
- plep – plop – plup – plap – plip – pliep

bleb – blob – blub – blab – blib – blieb

s – s – s – s – s – s – s ...

st – st – st – st – st – st – st ...

sch – sch – sch – sch – sch – sch ...

m – n – m – n – m – n – m – n ...

Sie können auch leicht eigene Übungen erstellen: Verbinden Sie dazu einfach beliebige Konsonanten mit verschiedenen Vokalen. Ihrer Fantasie sind dabei keine Grenzen gesetzt.

stu – ste – sti – sta – sto

nu – ne – ni – na – no

schu – sche – schi – scha – scho


**Vokale klingen lassen:**

Neben den Konsonanten sind natürlich auch die Vokale, also die klingenden Buchstaben „a", „e", „i", „o" und „u" für eine gute Aussprache wichtig. Vokale lassen ein Wort klingen und tönen. Sie sind deshalb besonders wichtig, um Ihre Stimme nicht nur korrekt, sondern auch wohltönend klingen zu lassen. Sprechen Sie also Vokale nicht zu kurz aus, sondern nutzen Sie diese, um Betonung und Klang in Ihre Stimme zu bringen.

Auch das klangvolle Sprechen von Vokalen lässt sich üben:

A – e – i – o – u ...

A – i – a – i – a – i ...

Auch hier können Sie leicht eigene Übungen erstellen: Kombinieren Sie einfach verschiedene Vokale miteinander, verändern Sie die Reihenfolgen oder bilden Sie eigene Kunstwörter.

**Pausen:**

Genauso wichtig wie das Sprechen selbst, ist es auch, Pausen richtig und gezielt einzusetzen. Pausen haben beim Sprechen zwei Funktionen:

1. Pausen dienen dazu, den Redefluss zu strukturieren und regelmäßiges Atmen zu ermöglichen.

2. Pausen dienen außerdem dazu, die Bedeutung des Gesagten zu unterstreichen und Spannung aufzubauen.

Achten Sie einmal bei guten Rednern oder Schauspielern darauf, wie diese Pausen ganz gezielt einsetzen.

### Weitere Sprechübungen

Um Ihre Artikulation zu verbessern, gibt es, neben den bereits genannten, vielfältige weitere Sprechübungen, die Sie zu Hause, z .B. vor dem Spiegel oder auch unterwegs durchführen können. Eine gute Gelegenheit dazu ist das Autofahren. Wenn man allein unterwegs ist, kann man beim Fahren problemlos Sprechübungen durchführen. Und da viele Autofahrer heute mit Freisprecheinrichtungen, Headsets & Co unterwegs sind, sieht man dabei auch nicht mehr so seltsam aus, wie früher, als es vielleicht merkwürdig wirkte, wenn sich jemand im Auto mit sich selbst unterhielt.

Es gibt zwei Arten von Sprechübungen.

1. Die einen setzen auf den Einsatz mechanischer Hilfsmittel, um die Beweglichkeit und Artikulationsfähigkeit der Zunge und anderer Muskeln, die zum Sprechen benötigt werden, zu trainieren.

2.  Eine andere Methode besteht darin, bestimmte Wörter, Sätze, Gedichte oder anderes laut zu sprechen, um das gleiche Ergebnis zu erzielen.

Als Sprechübungen sind z. B. die sogenannten „Zungenbrecher", die jeder noch aus Kindheit oder Schulzeit kennt. Hier sind einige Beispiele:

*„Blaukraut bleibt Blaukraut und Brautkleid bleibt Brautkleid."*

*„Fischers Fritz fischt frische Fische, frische Fische fischt Fischers Fritz."*

*„Wenn hinter Griechen Griechen kriechen, kriechen Griechen Griechen nach."*

*„In Ulm, um Ulm und um Ulm herum."*

*„Mischwasserfischer heißen Mischwasserfischer, weil Mischwasserfischer im Mischwasser Mischwasserfische fischen."*

*„Ein plappernder Kaplan klebt Pappplakate - Pappplakate klebt ein plappernder Kaplan."*

*„Es klapperten die Klapperschlangen, bis ihre Klappern schlapper klangen."*

Denken Sie bei den Übungen immer daran, dass es dabei nicht um Geschwindigkeit, sondern um deutliches Sprechen geht. Ziel ist, Ihre Artikulation zu verbessern, nicht ihre Sprechgeschwindigkeit.

### Die Sache mit dem Korken

Um die phonetische Bildung von Lauten im Mundraum zu trainieren, greifen viele Profis zu einem einfachen Sekt- oder Weinkorken. Dieser wird zwischen den Schneidezähnen eingeklemmt. Nun werden unterschiedliche Texte mit dem Korken zwischen den Zähnen gelesen oder rezitiert. Ziel ist es, selbst mit dem Korken im Mund eine möglichst gut akzentuierte Aussprache zu erreichen. Gleichzeitig werden die

Sprechwerkzeuge dadurch so gut trainiert, dass sich die Aussprache im Alltag dadurch deutlich verbessert. Probieren Sie es aus. Es funktioniert. Garantiert!

**Die richtige Sprechgeschwindigkeit**

Die Geschwindigkeit, mit der Sie sprechen, hat einen elementaren Einfluss darauf, wie Sie selbst und das, was Sie sagen, auf Ihre Gesprächspartner wirken.

Es ist wirklich erstaunlich, wie oft dieser Faktor selbst von Profis vernachlässigt wird. Die Sprechgeschwindigkeit entscheidet nicht nur darüber, ob Ihr Gesprächspartner Ihnen glaubt oder nicht. Nein, die Wirkung geht viel weiter. Untersuchungen haben gezeigt, dass sogar die Intelligenz der sprechenden Person von den Zuhörern aufgrund der Sprechgeschwindigkeit beurteilt wurde. Die Sprechgeschwindigkeit entscheidet nämlich, ob Sie glaubwürdig, klug oder dumm wirken!

Auch hierbei zeigte sich: Es ist gar nicht so wichtig, <u>was</u> gesagt wird. Die Art und Weise, und insbesondere die Sprechgeschwindigkeit sind entscheidend dafür, ob das Gesagte für glaubwürdig, klug, oder auch für falsch und dumm gehalten wird.

Sozialwissenschaftler vom University of Michigan Institute for Social Research haben in einer großen Studie die Wirkung unterschiedlicher Sprechgeschwindigkeiten auf weit über 1000 Versuchspersonen untersucht. In Tausenden von Telefongesprächen sollten verschiedene Interviewer die Angerufenen davon überzeugen, an einer Umfrage teilzunehmen.

Dabei stellte sich heraus, dass mit Abstand die Interviewer am erfolgreichsten waren, die mit einer mittleren Sprechgeschwindigkeit und regelmäßigen Gesprächspausen sprachen.

Sprachen die Interviewer sehr schnell, litt darunter vor allem ihre Glaubwürdigkeit. Die Versuchspersonen nahmen unbewusst an, dass jemand, der sehr schnell spricht, etwas zu verbergen habe.

Schlecht waren auch die Erfolgsquoten der Interviewer, die sehr langsam sprachen. Fast alle Versuchspersonen nahmen unbewusst an, dass es sich bei dem langsam sprechenden Gesprächspartner um eine Person handelte, die nicht besonders klug sei.

Als optimal wurde eine Sprechgeschwindigkeit von 3,5 Wörtern pro Sekunde ermittelt, was einer mittleren, ruhigen Sprechgeschwindigkeit eines Erwachsenen entspricht.

Natürlich müssen Sie Ihre Sprechgeschwindigkeit nicht mit der Stoppuhr messen. Es reicht, wenn Sie sich immer wieder daran erinnern, weder besonders schnell noch sehr langsam zu sprechen. Wichtig ist es ebenfalls, beim Sprechen kurze Pausen zu machen. In der genannten Untersuchung schnitten die Interviewer, die „ohne Punkt und Komma" redeten am schlechtesten ab.

**Stimmlage**

Es wurde ebenfalls untersucht, wie sich die Stimmlage auf Glaubwürdigkeit und Überzeugungskraft auswirkt. Es stellte sich heraus, dass insbesondere Männer mit einer tiefen Stimmlage hier im Vorteil waren. Bei den interviewenden Frauen konnte kein solcher Effekt festgestellt werden. Als Mann können Sie diesen Vorteil in jedem Fall nutzen. Wenn Ihre Stimmlage eher hoch ist, können Sie durch bewusstes Betonen tieferer Frequenzen Ihre Sprechwirkung verbessern.

**Die richtige Wortwahl**

Wir haben ja schon gesehen, dass der richtige Einsatz der Stimme wesentlich dazu beiträgt, Sicherheit und Kompetenz auszustrahlen. Genauso wichtig ist es aber auch, geschickt mit bestimmten Wörtern umzugehen, diese zu verwenden oder auch zu vermeiden.

Es gibt Formulierungen, die zum Beispiel immer den Eindruck von Unsicherheit vermitteln, ganz gleich, wer sie ausspricht.

Dazu gehören insbesondere Begriffe, die dem Gesprächspartner das Gefühl geben, der Sprecher sei sich seiner Sache selbst nicht sicher oder solche, die dem Gesprächspartner das Gefühl vermitteln, der Sprecher sei nicht kompetent.

Beispiele für Begriffe und Redewendungen, die Unsicherheit ausdrücken:

- *Vielleicht …*

- *Eventuell …*

- *Möglicherweise …*

- *Weiß ich nicht.*

- *Dazu kann ich Ihnen nichts sagen.*

- *Das kann ich nicht entscheiden.*

- *Unter Umständen …*

- *Ich könnte …*

- *Ich würde …*

- *Eigentlich …*

**Positive Schlüsselwörter**

Umgekehrt gibt es positive Wörter und Redewendungen, die bei jedem Gesprächspartner das Gefühl erwecken, der Sprecher sei sich seiner Sache sicher und habe alles im Griff. Untersuchungen haben gezeigt, dass Gesprächspartner auf bestimmte Wörter, sogenannte *Schlüsselbegriffe* immer sehr positiv reagieren. Diese Erkenntnis können Sie sich zunutze machen, um bei Ihrem Gesprächspartner ein Gefühl von Sympathie und Vertrauen zu erzeugen.

Schauen Sie sich die Liste der Schlüsselwörter genau an und denken Sie darüber nach, wie Sie diese und ähnliche Wörter in Ihre Kommunikation einfließen lassen können.

Wenn Sie in Ihrem Job zum Beispiel häufig mit Kunden telefonieren, können Sie sich selbst eine Liste mit positiven Wörtern zusammenstellen, die Sie bei Ihren nächsten Telefonaten einfach neben das Telefon legen und während des Gesprächs ab und zu einen Blick darauf werfen.

**Beispiele für positive Schlüsselwörter:**

 *ja*

 *gut*

 *gerne*

 *Lösung*

 *interessant*

 *sicher*

 *zuverlässig*

 *Vorteil*

- *persönlich*
- *erledigen*
- *Sicherheit*
- *Leistung*
- *Chance*
- *unverzüglich*

**Vorsicht Jugendsprache!**

Jugendliche sprechen ihre eigene Sprache. Das gilt gleich in mehrfacher Hinsicht. Zum einen verwenden Jugendliche viele Wörter und Redewendungen, die in der Standardsprache nicht vorkommen. Zum anderen unterscheidet sich häufig auch die Aussprache Jugendlicher von der, der Erwachsenen. Nicht selten wird undeutliches Nuscheln oder auch das Auslassen ganzer Wörter („Ich gehe Schule." „Gibst du Zigarette?") als besonders „cool" erachtet.

Das Problem: Was unter Jugendlichen „cool" oder „in" ist, kann im normalen Erwachsenenleben genau das Gegenteil bewirken. Jemand, der nicht in der Lage ist, sich sprachlich korrekt, klar und deutlich auszudrücken, wird schnell für minderbemittelt oder zumindest für nicht besonders intelligent oder für ungebildet gehalten. Dass dies keine gute Wirkung auf das Selbstbewusstsein hat, muss man nicht ausdrücklich erwähnen.

Wer selbstbewusst auftreten will, muss in der Lage sein, klar, deutlich und fehlerfrei zu sprechen. Das gilt für jeden, ganz gleich welchen Alters.

**Jugendsprache ist für Erwachsene tabu!**

Der Versuch erwachsener Menschen, die Besonderheiten der

Jugendsprache nachzuahmen, wirkt oft unfreiwillig komisch, aber nie selbstbewusst. Will der erwachsene Mensch damit erreichen, jünger zu wirken, als er ist, wird es schnell peinlich. Ein Zeichen von Selbstbewusstsein ist es auf gar keinen Fall. Vermeiden Sie solche Versuche. Sowohl Jugendliche als auch Erwachsene empfinden es intuitiv als unangemessen und albern.

## So bewältigen Sie Sprechängste

Menschen mit geringem Selbstbewusstsein leiden überdurchschnittlich oft unter der Angst, vor anderen Menschen sprechen zu müssen.

Aber: Sprechangst oder Redeangst sind weitverbreitete Phänomene. Wenn Sie auch darunter leiden, befinden Sie sich in guter Gesellschaft. Umfragen zu Folge haben 50 % aller Menschen, Angst davor, vor anderen eine Rede halten zu müssen. Bei nicht wenigen löst schon die Vorstellung, öffentlich sprechen zu müssen, regelrechte Panikreaktionen aus. Die Betroffenen leiden oft schon wochenlang vor dem eigentlichen Sprechtermin unter ihrer Angst.

Redeangst kann bereits im kleinen Familienkreis auftreten und steigert sich, je größer die Gruppe der Zuhörer ist. Für die meisten Menschen ist die Vorstellung, vor einer wirklich großen Gruppe oder gar im Theater oder im Fernsehen sprechen zu müssen, kaum zu ertragen.

*Redeangst ist vor allem die Angst, sich zu blamieren*

Das Unangenehme bei der Redeangst ist, dass ihre Symptome genau zu dem führen, wovor man eigentlich Angst hat. So führt die Angst davor, plötzlich nicht mehr zu wissen, was man eigentlich sagen wollte, dazu, dass dieser Zustand wirklich eintritt. Genauso sind viele andere Sprechstörungen tatsächlich nicht die Ursache der Redeangst, sondern deren Folge.

So kann übertriebene Redeangst zum Beispiel zu solchen Symptomen führen:

   Sprechblockaden

   Wortfindungsstörungen

189

- Blackout
- den „Faden verlieren"
- stottern
- stammeln

**Diese Ängste stehen im Vordergrund:**

- Angst davor, keinen Ton herausbringen zu können.

- Angst davor, bestimmte Wörter nicht aussprechen zu können.

- Angst davor, „den Faden zu verlieren".

- Angst davor, ausgelacht zu werden.

- Angst davor, sich zu verhaspeln.

- Angst davor, den Text zu vergessen.

- Angst davor, einen „Blackout" zu haben.

- Angst davor, abgelehnt zu werden.

- Angst davor, kritisiert oder schlecht bewertet zu werden.

**Mehr Selbstbewusstsein = weniger Angst!**

Menschen mit geringem Selbstbewusstsein sind besonders gefährdet, Sprechängste zu entwickeln. Ein Grund liegt darin, dass die wenig Selbstbewussten in der Regel einen sehr hohen Anspruch an sich selbst und gleichzeitig Zweifel an den eigenen Leistungen haben. Wenn ein selbstbewusster Mensch denkt: „Ach ja, ich bin ganz gut vorbereitet, was soll schon passieren?", zweifelt der Unsichere daran, ob er seinen eigenen perfektionistischen Ansprüchen genügen kann.

**Hilfreiche Gedanken gegen Sprechängsten bei gewöhnlichen Unterhaltungen**

**Beispiel**

Janine, 34 berichtet aus ihrem Alltag:

*„Wenn eine Gruppe von Menschen zusammensteht, traue ich mich oft nicht, mich an dem Gespräch zu beteiligen. Selbst, wenn ich die Leute kenne. Ich beneide sie, wenn sie schlaue oder witzige Sachen sagen. Ich traue mich das nicht und komme mir dann dumm vor."*

Es ist erstaunlich, wie oft ich solche und ähnliche Befürchtungen zu hören bekomme. Offenbar geht es vielen Menschen so, dass sie meinen, in Gesprächen mit anderen irgendwelche Leistungen erbringen müssten, denen sie sich nicht gewachsen fühlen. Andere meinen, es zu „aufdringlich" jemanden anzusprechen, oder sie gehen davon aus, dass andere grundsätzlich kein Interesse daran hätten, mit ihnen zu reden.

*„Ich habe Angst, nichts Brauchbares zu einem Gespräch beitragen zu können."*

Diese Angst ist erfahrungsgemäß unbegründet. Nicht jeder Redebeitrag muss brillant sein. In 99 % aller Kommunikation geht es um vergleichsweise banale Themen. Selbst zu einem Thema, mit dem man sich nicht gut auskennt, kann man in einem zwanglosen Gespräch etwas beitragen. Im Zweifelsfall hilft es immer, Fragen zu stellen. Sie werden überrascht sein, mit welcher Begeisterung die meisten Menschen bereit sind, Ihre Fragen zu beantworten.

Übrigens, viele Menschen befürchten, durch das Fragenstellen dumm oder ungebildet zu erscheinen. Genau das Gegenteil ist aber der Fall. Gezielte Fragen zu dem, was der Gesprächspartner sagt, wirken interessiert und aufgeweckt. Der Fragesteller wirkt auf seine Gesprächspartner darüber hinaus auch noch sympathisch.

**Zitat**

> *„Man braucht den Rat anderer nicht zu befolgen, damit sie sich gut fühlen. Es genügt, sie um Rat zu fragen."*

(Laurence J. Peter, kanadischer Lehrer und Psychologe)

Das Fragenstellen hat noch einen weiteren angenehmen Nebeneffekt: Sie können dadurch häufig auch etwas Interessantes erfahren und lernen.


**„Ich hätte schon etwas zu sagen, traue mich aber nicht."**

Menschen mit geringem Selbstbewusstsein sind häufig überdurchschnittlich intelligent, haben viele gute Ideen und machen sich über vieles Gedanken, was anderen entgeht. Aus Unsicherheit halten sie Ihre Ideen und Gedanken jedoch zurück und wirken in einem Gespräch oder einer Diskussion dadurch desinteressiert oder ideenlos.

Wenn es Ihnen so ergeht: Machen Sie sich klar, dass Ihre Ideen und Gedanken zum aktuellen Thema für andere sehr hilfreich und inspirierend sein können. Sie *glauben* nur, dass Ihr Beitrag vielleicht nicht interessant genug sein könnte.

Machen Sie sich klar, dass Sie anderen einen Gefallen tun und ihnen damit helfen, wenn Sie Ihre Gedanken mit ihnen teilen. Ihre Einfälle und Auffassungen und Gedankengänge sind zu wertvoll, um sie einfach zu ignorieren. Hinzu kommt, dass sich nicht selten besonders dumme Ideen durchsetzen, weil diejenigen, die gute Alternativen hätten, sich nicht äußern oder sich zurückhalten.

Ähnlich wie ein Fußballer, der aus Angst nicht aufs Tor schießt, wenn er in einer guten Position ist, schadet man selbst auch der „Mannschaft", wenn man gute Ideen zurückhält!

*„Alle anderen sind so selbstsicher. Da komme ich mir ganz dumm vor."*

Das Thema Sprechangst ist eines der häufigsten Probleme, wegen derer Menschen einen Therapeuten, Berater oder Coach aufsuchen. Die Sprechangst ist unter vielen unterschiedlichen Bezeichnungen bekannt. Oft spricht man auch einfach von „Lampenfieber", „Publikumsangst" oder „Redehemmung".

Sie können also mit absoluter Sicherheit davon ausgehen, dass Sie mit diesem Problem nicht allein sind. Wenig selbstsichere Menschen vermuten wesentlich häufiger als andere, dass ihre Unsicherheit oder in diesem Fall ihre Sprechangst nach außen sichtbar sei und jedem sofort auffallen würde. Das ist aber nicht der Fall. Menschen, die es gelernt haben, locker und selbstsicher aufzutreten, *wirken* nur so, als ob ihnen das Thema Sprechangst völlig unbekannt wäre.

Tatsächlich sind viele andere Menschen, mit denen Sie im Laufe eines Tages zusammentreffen nicht selbstsicherer als Sie selbst. Insbesondere was die Sprechangst angeht, sind die meisten Menschen gleich. Sie müssen sich also deswegen keineswegs dumm oder ungenügend vorkommen.

### ✍ Am wichtigsten: Praxiserfahrung sammeln

Praxiserfahrung ist beim Sprechen und beim Small Talk das A und O. Möglichkeiten zum Trainieren bieten sich überall. Ganz gleich, ob an der Straßenbahnhaltestelle, beim Einkaufen, im Theater oder beim Gespräch mit dem Nachbarn: Gelegenheiten, um das Reden zu trainieren, gibt es überall.

Wenn Sie schon etwas Übung haben, können Sie das Training für Fortgeschrittene beginnen. Dazu gehört es zum Beispiel, sich bei einer Veranstaltung in der ersten Reihe zu platzieren oder zum Beispiel bei der Elternversammlung einen Wortbeitrag beizusteuern.

**Tipp: Rhetoriktraining an der Volkshochschule**

Rhetorikseminare werden von fast allen Volkshochschulen und vielen anderen Bildungseinrichtungen angeboten. In einem Rhetorikseminar können Sie nicht nur lernen, Ihre Gedanken zu formulieren, sondern erfahren auch etwas darüber, wie Sie mit Sprechangst umgehen können.

Das Training in der Gruppe hilft Ihnen natürlich wesentlich dabei, Routine zu erlangen, Ängste abzubauen und Selbstvertrauen zu entwickeln.

### Mentales Training

Beim sogenannten „Mentalen Training" geht es darum, sich in Gedanken die Situationen vorzustellen, die man trainieren möchte. Beim Thema Sprechangst sind das alle Situationen, in denen wir Angst haben oder zu gehemmt sind, um uns verbal so zu äußern, wie wir es gerne möchten.

Dadurch, dass die angstauslösende Situation gedanklich „durchgespielt" wird, treten gleich mehrere positive Effekte ein:

1. Die Angst vor dem Unbekannten schwindet. Dadurch, dass wir uns möglichst detailliert vorstellen, wie die Situation ablaufen wird, gewinnen wir Sicherheit. Wenn die Situation dann tatsächlich eintritt, haben wir sie ja in Gedanken bereits viele Male gemeistert.

2. Unsere Reaktionen auf Probleme werden trainiert. Einer der

vielen nützlichen Aspekte des mentalen Trainings ist, dass wir in Gedanken so gut wie jede denkbare Situation durchspielen können.

Dazu gehören auch Probleme und Störfaktoren, die in der Realität vielleicht nie eintreten werden. Allein die Tatsache, dass wir *wissen*, auf mögliche Probleme vorbereitet zu sein, vermittelt Sicherheit und Selbstvertrauen.

3. Gewöhnung und Routine machen selbstbewusst. Ein faszinierender Aspekt des mentalen Trainings ist die Tatsache, dass unser Gehirn das gedankliche Training genauso verarbeitet, als würde es in der Realität stattfinden.

   Wenn wir eine Situation mehrfach in Gedanken bewältigen, verhält sich unser Verstand genau so, als hätten wir in Bezug auf die Situation auch in der Realität eine selbstvertrauensfördernde Routine erlangt.

4. Durch die wiederholte Konfrontation mit der angstauslösenden Situation verringert sich die Angst. Das funktioniert bei Sprechangst genauso zuverlässig, wie bei einer Spinnenphobie. Versprochen!

**Mentales Training gegen Sprechangst: Beispiele**

- In Gedanken einem fremden Menschen begegnen und sich ihm vorstellen.
- In Gedanken einen attraktiven potenziellen Partner ansprechen.
- In Gedanken den Vorgesetzten um eine Gehaltserhöhung bitten.
- In Gedanken ein klärendes Gespräch mit einem problematischen Kollegen führen.
- In Gedanken im Meeting eine eigene Idee vortragen.
- In Gedanken vor Kollegen eine Präsentation vortragen.
- In Gedanken ein Referat halten.

**Der blanke Horror: Eine Rede halten!**

Für viele Menschen ist es die Horrorvorstellung schlechthin. Umfragen zeigen, dass die Angst davor, eine (öffentliche) Rede halten zu müssen, zu den häufigsten geschilderten Ängsten überhaupt gehört.

Ganz gleich, ob in einem Meeting, während einer Präsentation oder auch im Privatleben (zum Beispiel bei einer Hochzeit oder bei einem Geburtstag): Die Angst davor, vor anderen sprechen zu müssen, ist für die meisten schlimmer, als auf einem Hochseil zu balancieren oder einen Fallschirmsprung zu absolvieren.

Aber auch daran können Sie arbeiten. Im Folgenden finden Sie 14 Tipps, die Ihnen garantiert helfen, wenn Sie irgendwann mal in eine Situation kommen, in der Sie öffentlich sprechen müssen.

# 14 Tipps für eine gute Rede

Eine Rede zu halten, fällt den allermeisten Menschen schwer. Trotzdem kann man sich nicht immer darum herumdrücken. Es gibt viele Gelegenheiten, bei denen auch ganz normale Menschen, Privatpersonen - oder einfach Amateure - nicht darum herumkommen, ein paar Worte zu einer Gruppe zu sprechen. Das kann zum Beispiel bei einer Hochzeitsfeier, bei einem Geburtstag, in der Schule oder bei einer Elternversammlung der Fall sein. Das ist auch alles kein wirkliches Problem, kann aber für einen ungeübten Redner trotzdem eine Herausforderung sein.

Damit Sie diese Herausforderung ohne unnötige Ängste annehmen können, finden Sie im Folgenden 14 Tipps, die bei jeder Art von Rede funktionieren. Wenn Sie sich daran halten, verspreche ich Ihnen, dass Sie keine Angst mehr vor Ihrer nächsten Rede oder Ansprache haben müssen.

### 1. Gute Vorbereitung ist die halbe Rede

Ganz gleich, zu welcher Gelegenheit, oder zu welchem Thema Sie sprechen wollen, eine gute Vorbereitung ist wichtig. Das betrifft sowohl die inhaltliche Vorbereitung als auch das Einüben des Sprechens an sich.

Bei einem Fachvortrag ist es selbstverständlich, dass Sie sich mit dem Thema des Vortrags wirklich gut auskennen müssen. Rechnen Sie mit Rückfragen aus dem Publikum. Sie sollten in der Lage sein, diese Fragen zu beantworten, oder zumindest eine passende Erklärung parat haben, warum Sie eine bestimmte Frage nicht oder noch nicht beantworten können.

Der zweite Teil der Vorbereitung ist die Rede an sich. Sie sollten sie unbedingt so gut eingeübt haben, dass Sie während des Vortrags nicht ständig auf das Manuskript schauen müssen.

**2. Üben, üben, üben …**

Üben Sie Ihre Rede ein. Ganz gleich, ob vor dem Spiegel, vor Ihrer Familie oder Ihrem Hund: Umso häufiger Sie Ihre Rede vortragen, umso selbstsicherer werden Sie. Außerdem können Sie nur so, feststellen, wie lang Ihre ausgearbeitete Rede tatsächlich dauern wird und ob es bestimmte Wörter, Redewendungen oder Sätze gibt, die laut ausgesprochen nicht die gewünschte Wirkung haben.

**3. Das Publikum ist nicht Ihr Feind!**

Auch wenn Sie noch so große Angst vor dem Vortrag haben. Das Publikum muss Ihnen keine Angst machen. Sie können davon ausgehen, dass die Zuhörer sich darauf freuen, Ihren Vortrag anzuhören. Vielleicht sind einige auch ein wenig gelangweilt. Das kommt vor allem dann vor, wenn sich die Zuhörer im Laufe des Tages gleich mehrere Vorträge anhören müssen.

Aber gerade dann können Sie das Publikum leicht auf Ihre Seite ziehen, indem Sie einen Vortrag halten, der <u>nicht</u> langweilig ist. Sie können davon ausgehen, dass die allermeisten Ihrer Zuhörer selbst einen gehörigen Respekt oder gar Angst davor haben, eine Rede zu halten. Es handelt sich also um Leidensgenossen, die gut nachempfinden können, wie Sie sich fühlen. Schauen Sie während Ihres Vortrags Ihre Zuhörer immer wieder an. Sie werden eine Menge freundlicher Gesichter entdecken.

**4. Verstellen Sie sich nicht**

Versuchen Sie nicht, vor Ihrem Publikum den weltgewandten und routinierten Sprecher zu spielen. Das setzt Sie nur weiter unter Druck und glauben wird es Ihnen ohnehin niemand.

Geben Sie sich natürlich. Wenn Sie nervös sind, na und? Jeder einzelne Ihrer Zuhörer kann Ihnen nachfühlen, welche Anstrengung es für einen ungeübten Menschen darstellt, eine Rede halten zu müssen. Und gerade, weil das jeder nachempfinden kann, haben Sie die Sympathien der Zuhörer schon auf Ihrer Seite.

### 5. Treiben Sie Small Talk vor Ihrem Vortrag

Warten Sie nicht, bis alle Zuhörer Platz genommen haben. Beginnen Sie schon vorher ein lockeres Gespräch mit den Zuhörern, die bereits eingetroffen sind. Sie sollten dazu auf die Zuhörer zugehen. Wenn es nicht zu viele Zuhörer sind, können Sie sogar jeden per Handschlag begrüßen.

Das bricht das Eis und stellt eine gute Verbindung zwischen Ihnen und Ihrem Publikum her. Nicht zuletzt verringert es Ihre Angst.

### 6. Atmen Sie ruhig und regelmäßig

Genauso wie sich unsere Atmung verändert, wenn wir nervös oder aufgeregt sind, verändert sich auch unsere Erregung, wenn wir die Atmung kontrollieren.

Durch ruhiges, regelmäßiges Atmen können Sie Ihre Anspannung reduzieren. In Verbindung mit einer nicht zu schnellen Sprechweise und regelmäßigen Sprechpausen bekommen Sie auch genug Luft, um Ihre Sätze ruhig bis zum Ende sprechen zu können.

### 7. Denken Sie sich eine (halbwegs) originelle Eröffnung Ihrer Rede aus

Beim Beginn einer Rede warten die Zuhörer schon auf die einschläfernden Worte: „Meine Damen und Herren, ich freue mich, Sie bei meinem Vortrag begrüßen zu dürfen. Lassen Sie sich stattdessen etwas Besseres einfallen, mit dem die Zuhörer nicht rechnen.

Sollte Ihnen dazu gar nichts einfallen, auch nicht schlimm. Ein guter Einstieg kann Ihnen aber sowohl die Aufmerksamkeit als auch die Sympathie der Zuhörer sichern.

### 8. Halten Sie eine <u>kurze</u> Rede

Tun Sie sich selbst und Ihren Zuhörern einen Gefallen und halten Sie eine wirklich kurze Rede. Je nach Anlass kann eine Rede von 5 oder 10 Minuten völlig ausreichend sein.

Wenn es sich nicht um einen längeren Vortrag mit festgelegter Dauer handelt, sollten Sie Ihre Rede nach spätestens 15 Minuten beenden oder unterbrechen. Ihre Zuhörer können sich nicht länger konzentrieren und beginnen nach Ablauf dieser Zeit sehr schnell, sich zu langweilen.

### 9. Sprechen Sie langsam!

Probleme beim Sprechtempo eines Redners bestehen in 99,9 % aller Fälle darin, dass der Redner zu schnell spricht. Dazu kommen häufig noch hastiges und undeutliches Sprechen und das Auslassen von Pausen zwischen Wörtern und Sätzen. Es ist ein bekanntes Phänomen, dass einem selbst das Sprechtempo in der Regel viel langsamer erscheint, als es tatsächlich ist. Wenn Sie vor Publikum sprechen, müssen Sie also ein Tempo wählen, das Ihnen „gefühlt" zunächst als zu langsam erscheint.

Vergessen Sie nicht, dass Sie beim Reden auch atmen müssen. Lassen Sie sich also auch dafür genug Zeit. Machen Sie Pausen, sodass Sie ganz normal und ruhig atmen können. Sie geben Ihren Zuhörern dadurch auch die Chance, das Gesagte wirklich zu verstehen.

Denken Sie daran, auch wenn Sie Ihren Vortrag möglichst schnell hinter sich bringen wollen, die Zuhörer hören ihn zum ersten Mal und benötigen Zeit, um Ihre Gedankengänge nachzuvollziehen. Das gilt natürlich besonders bei Fachvorträgen, bei denen das Publikum womöglich völlig neue und komplexe Informationen aufnehmen muss.

Sprechen Sie also in der Regel immer ein wenig langsamer, als es Ihnen richtig erscheint. Ihre Zuhörer werden es Ihnen danken.

### 10. Stellen Sie Fragen

Ganz gleich, ob Hochzeitsfeier oder Firmenjubiläum: Es macht dem Publikum immer Spaß, in die Rede mit einbezogen zu werden.

Stellen Sie einfache Fragen in die Runde und warten Sie, bis einer der Zuhörer sie beantwortet. Wenn keine Antwort kommt, können Sie auch einen der Zuhörer persönlich ansprechen.

Grundsätzlich ist jede Form von Interaktion mit dem Publikum positiv zu bewerten. Stellen Sie sich einfach vor, Sie selbst säßen im Publikum. Was würden Sie sich von einem Redner wünschen, um die gähnende Langeweile zu unterbrechen?

### 11. Schauen Sie Ihre Zuhörer an

Bei einer kleinen Gruppe können Sie abwechselnd die einzelnen Zuhörer anschauen. Schauen Sie nicht immer dieselbe Person an. Das wird diese als unangenehm empfinden und die anderen Zuhörer fühlen sich vernachlässigt.

Bei einer größeren Gruppe können Sie den sogenannten „Scheibenwischerblick" einsetzen. Dabei lassen Sie von Zeit zu Zeit Ihre Blicke von links nach rechts und wieder zurück über das Publikum schweifen.

### 12. Warten Sie, bis Ruhe eingekehrt ist

Viele Redner wollen ihren Vortrag schnell hinter sich bringen und beginnen bereits zu sprechen, während sich die Zuhörer noch lautstark unterhalten oder bevor alle Platz genommen haben.

Um Ihre Stimmbänder nicht zu sehr zu strapazieren oder erst gar nicht gehört zu werden, sollten Sie sich die Zeit nehmen und abwarten, bis alle ruhig sind. Natürlich müssen Sie oder jemand anderes, den Zuhörern signalisieren, dass Sie jetzt sprechen wollen.

Das kann zum Beispiel durch das klassische Antippen eines Glases mit Messer oder Gabel oder auch einfach dadurch, dass Sie sich von Ihrem Platz erheben und sich räuspern.

### 13. Wohin mit den Händen?

Viele Redner wissen nicht, wo sie während der Rede ihre Hände lassen sollen.

Es ist ungünstig, die Hände einfach hängen zu lassen. Auch in Hosen- oder Jackentasche haben die Hände während eines Vortrags nichts zu suchen.

Am einfachsten ist es die Hände im sogenannten „neutralen Bereich", das heißt etwa in Hüfthöhe, zu halten. Wenn man nichts in den Händen hält, kann man die Hände einfach vor dem Körper ineinander legen. Das kann ganz natürlich aussehen. Sie müssen dazu nicht unbedingt die berühmte „Merkel-Raute" zeigen.

Hat man ein Manuskript, Moderationskarten oder einen Zeigestab in der Hand, entsteht das Problem erst gar nicht! Das verpflichtet nicht zum Ablesen. Sie werden dadurch aber sicherer und haben kein Problem mit Ihren Händen.

### Achtung: Laserpointer!

Wenn Sie sehr nervös sind, sollten Sie auf einen Laserpointer verzichten. Der Lichtstrahl eines solchen Zeigegeräts bestraft jedes kleinste Zittern mit gut sichtbaren Bewegungen auf der Leinwand.

### 14. Gut strukturiertes Material zur Hand haben

Wenn Sie einen Vortrag oder ein Referat halten müssen, ist es völlig normal, dass Sie mit Karteikarten als Gedächtnisstütze arbeiten können. Gliedern Sie Ihren Vortrag so, dass Sie die wichtigsten Punkte jedes Schrittes jeweils auf eine Karteikarte schreiben können. Vergessen Sie nicht, die Karteikarten mit einer Überschrift zu versehen, damit sofort klar ist, zu welchem Themenbereich eine Karte gehört. Auf diese Weise verlieren Sie die Angst davor, mitten im Vortrag stecken zu bleiben oder einen wichtigen Teil zu vergessen.

### Tipp: Karten nummerieren

Nummerieren Sie alle Karten in der Reihenfolge Ihres Vortrags. Dann können Sie Ihre Karten blitzschnell ordnen, falls Ihr Kartenstapel einmal herunterfallen oder durcheinandergeraten sollte.

# Redeangst: Ungünstige Gedanken ersetzen

Wir haben ja bereits gesehen, dass die häufigsten Gründe für Sprechängste die Angst sich zu blamieren und die Angst, zu versagen sind. Beide Ängste haben ihre Ursachen in ungünstigen Gedanken, mit denen wir uns selbst überfordern und unter Druck setzen.

Auch hier spielt der bei wenig selbstbewussten Menschen häufig anzutreffende Hang zum Perfektionismus eine wichtige Rolle. Wer von sich selbst immer perfekte Ergebnisse erwartet und auch nur solche akzeptiert, muss zwangsläufig unsicher werden.

Auch beim Thema Sprechangst ist es deshalb nachgewiesenermaßen hilfreich, sich ungünstige Gedanken bewusst zu machen und sie dann durch realistische Gedanken zu ersetzen. Auf diese Weise gewinnen Sie nach und nach wieder mehr Vertrauen in Ihre eigenen Fähigkeiten. Ganz nebenbei werden Sie so auch zufriedener und ein Stück glücklicher!

**Schritt 1:**

Finden Sie heraus, welche übertriebenen Ansprüche Sie an sich haben. Welche dieser Aussagen könnten auch von Ihnen stammen?

*Ich muss einen perfekten Auftritt abliefern.*

*Meine Rede muss etwas Besonderes sein.*

*Ich muss die Zuhörer zum Lachen bringen.*

*Ich muss die Zuhörer von meiner Meinung überzeugen.*

*Ich muss die Aufmerksamkeit aller Zuhörer haben.*

*Ich darf mich nicht versprechen.*

 *Ich darf nicht den Faden verlieren.*

*Mein Vortrag darf auf keinen Fall langweilig sein.*

*Ich darf nicht stottern.*

*Ich darf nicht erröten.*

*Es darf nicht auffallen, dass ich nervös bin.*

*Meine Hand darf nicht zittern, wenn ich etwas auf dem Overhead Projektor aufschreibe.*

*Meine Handschrift muss perfekt sein, wenn ich etwas an der Tafel aufschreibe.*

*Die Zuhörer müssen mich und meine Art sympathisch finden.*

*Die Zuhörer müssen nach dem Vortrag noch positiv über den Vortrag sprechen.*

*Die Zuhörer / mein Chef müssen mich nach dem Vortrag loben.*

*Wenn ich eine Sprechblockade habe, wäre das eine Katastrophe!*

*Wenn der Vortrag kein Erfolg wird, kann ich meinem Chef nicht mehr unter die Augen treten.*

 **Schritt 2:**

Ersetzen Sie die übertriebenen Gedanken durch Hilfreichere.

**Unrealistischer Gedanke:**

 *„Ich muss einen perfekten Auftritt abliefern!"*

**Realistischer Gedanke:**

*„Ich versuche, es möglichst gut zu machen. Wenn etwas nicht so gut läuft, ist das kein Problem. Ich bin ja schließlich kein Profi".*

**Unrealistischer Gedanke:**

 *„Ich darf den Faden nicht verlieren!"*

**Realistischer Gedanke:**

 *„Es kann jedem passieren, dass er mal den Faden verliert. Sollte mir das passieren, kann ich mithilfe meiner Karteikarten schnell wieder ins Thema finden."*

**Unrealistischer Gedanke:**

 *„Meine Hand darf nicht zittern, wenn ich etwas auf dem Overhead-Projektor schreibe."*

**Realistischer Gedanke:**

 *„Wenn ich nervös bin, kann es sein, dass meine Hand zittert. Das geht vielen anderen auch so. Dadurch verringert sich nicht die Qualität meines Vortrags."*

**Unrealistischer Gedanke:**

 *„Mein Vortrag muss besonders beeindruckend oder besonders witzig sein."*

**Realistischer Gedanke:**

 *„Ich bin kein geübter Redner, also ist es völlig ausreichend, wenn ich mein Thema korrekt, einfach und verständlich vortrage.“*

**Unrealistischer Gedanke:**

*„Jemand aus dem Publikum spricht mit seinem Nachbarn und ein anderer hat gegähnt. Mein Vortrag ist viel zu langweilig. Das Publikum hört mir gar nicht zu.“*

**Realistischer Gedanke:**

*„Ein Teilnehmer gähnt. Wahrscheinlich ist es schon sein dritter Vortrag für heute, oder er musste heute Morgen schon sehr früh raus, um pünktlich zu meinem Vortrag hier zu sein.“*

**Abschließend noch ein Tipp:**

Ein gewisser Grad von Redeangst oder Lampenfieber ist absolut normal und oft sogar hilfreich. Selbst Schauspieler, Musiker oder Politiker, die täglich in der Öffentlichkeit stehen, spüren noch das berühmte Kribbeln vor einem Auftritt oder vor einem Interview. Betrachten Sie Ihr Lampenfieber als nützliches Hilfsmittel, das Sie wach und konzentriert hält.

Seien Sie nicht zu streng mit sich selbst. Nicht jeder muss ein Profiredner sein. Alles andere können Sie lernen!

# Selbstbewusst beim Small Talk

Small Talk, also lockere Unterhaltungen über Belangloses, sind ideal, um sich spontan mit anderen auszutauschen oder auch um fremde Menschen kennenzulernen. Nur beim Small Talk ist es möglich, dem jeweils anderen zwanglos zu begegnen und gleichzeitig herauszufinden, ob man ihn mag oder nicht.

Menschen, die das können, wirken offen und selbstbewusst. Aber das gilt auch umgekehrt: Wer zwanglos und unbeschwert mit anderen plaudern kann, fühlt sich auch selbstbewusster und sicherer. Es lohnt sich also auf jeden Fall, ein wenig Zeit in das Erlernen dieser *Kunst* zu investieren.

Small Talk muss auch keineswegs immer nur oberflächlich und langweilig bleiben. Mit dem richtigen Gesprächspartner und ein wenig Small Talk – Erfahrung kann auch ein zufällig entstehendes Gespräch auf einer Party oder während einer Bahnfahrt für beide Seiten interessant verlaufen.

Small Talk spielt beim ersten Kennenlernen immer eine wichtige Rolle. Ganz gleich, ob es ein Geschäftspartner, ein neuer Kollege oder ein potenzieller Partner ist: In der Regel beginnt jede Beziehung mit einem unverbindlichen Gespräch.

Aber nicht jedes Gespräch ist auch ein erfolgreicher Dialog. Voraussetzung ist in jedem Fall der aufrichtige Wunsch, den anderen zu verstehen und sich mit ihm auf Augenhöhe auszutauschen. Dabei steht, entgegen häufiger Annahmen, nicht das *Sprechen* im Vordergrund, sondern das *Zuhören* und das Interesse an dem, was der andere zu sagen hat.

Die Fähigkeit, spontan solche Gespräche führen zu können, trägt ganz wesentlich zu Ihrem Selbstvertrauen bei!

- ✔ Gekonnter Small Talk stärkt das Selbstbewusstsein.
- ✔ Small Talk macht es einfacher, auf andere zuzugehen.
- ✔ Small Talk kann helfen, einen selbstbewussten Eindruck zu machen.

**Small Talk im Berufsleben**

Studien belegen, dass jede Form von Small Talk (also auch online, oder in Schriftform) wesentlich zur beruflichen Karriere beitragen. Oft ist ein kurzer Plausch am Kopierer oder ein kurzes Gespräch mit dem Chef im Fahrstuhl aufschlussreicher als alle Memos, die den Tag über auf dem eigenen Schreibtisch landen.

Das Knüpfen von (unverbindlichen) Kontakten wird heute auch als *Networking* und die so entstehenden Kontakte als Netzwerk bezeichnet. Solche Netzwerke sind sowohl für das gesamte Unternehmen als auch für jeden einzelnen Mitarbeiter sehr wichtig.

**Erfolgreicher Small Talk erfordert und schafft Selbstbewusstsein**

Aber gerade, weil der Small Talk eine so wichtige Rolle spielt, haben viele Menschen Probleme damit. Sie wissen nicht, wie man einen Small Talk beginnt, wie man reagiert, wenn man selbst angesprochen wird und über was man überhaupt sprechen sollte (und über was nicht!).

Und tatsächlich gibt es beim Small Talk einige Dos and Don'ts, die man beachten sollte, damit man auch tatsächlich so auftritt, wie man von anderen wahrgenommen werden möchte.

## Grundregeln für erfolgreichen Small Talk

Im Folgenden finden Sie Hinweise, Tipps und Anleitungen, die Ihnen dabei helfen, beim Small Talk so aufzutreten, wie Sie von anderen wahrgenommen werden wollen. Wie bei allen anderen Themen in diesem Buch gilt auch beim Thema Small Talk: „Übung macht den Meister!"

Setzen Sie deshalb alles, was Sie lernen, möglichst bald und möglichst oft in Ihrem Alltag ein. Je öfter, desto besser. Sie werden dadurch nicht nur selbstsicherer auftreten, sondern sich nach und nach auch immer selbstbewusster fühlen.

### Ein guter Start

Auch beim Small Talk gilt: Ihr Sympathiewert wird innerhalb der ersten 30 Sekunden ermittelt. Es ist also besonders wichtig, von der ersten Sekunde an, einen guten Eindruck zu machen. Zum Glück ist das nicht schwierig, wenn man weiß, wie's geht.

Die drei wichtigsten Faktoren sind:

1.   Lächeln :-)

2.   Lächeln :-)

3.   Lächeln :-)

Erst viel später kommt alles andere. Wenn Sie freundlich lächeln, können Sie kaum noch etwas falsch machen. Es ist wie ein genetisches Programm, das uns mehr oder weniger zwingt, einen Menschen, der uns anlächelt, zu mögen. Ganz gleich, was passiert oder wo Sie sich befinden, beginnen Sie jedes Zusammentreffen mit einem anderen Menschen mit einem Lächeln! Ein Lächeln schafft sofort eine freundliche Grundstimmung. Durch ein Lächeln wirken Sie nicht nur freundlich und sympathisch, sondern auch souverän und selbstbewusst.

### Namen verwenden

Wenn Sie wissen, wie Ihr Gesprächspartner heißt, sprechen Sie ihn unbedingt mit seinem Namen an. Jeder Mensch ist besonders aufmerksam und erfreut, wenn er seinen eigenen Namen hört. Nutzen Sie das für sich.

### Körperhaltung korrigieren

Im Kapitel „Body Language – Körpersprache" haben Sie ja bereits gelernt, dass die Körpersprache einen großen Einfluss darauf hat, wie wir von anderen wahrgenommen werden. Denken Sie daran und korrigieren Sie am besten schon vor dem Small Talk Ihre Körperhaltung.

### Tipp:

Um ein ungezwungenes Gespräch zu beginnen, ist es manchmal hilfreich, ein kurzes Zitat oder einen klugen oder witzigen Spruch parat zu haben. Auch eine Bemerkung zu einem gerade aktuellen (aber unverfänglichen) Thema ist ein guter Starter.

Aber Vorsicht! Man sollte es damit nicht übertreiben. Insbesondere Zitate und Sprüche, die besonders anspruchsvoll oder klug wirken sollen, können beim Gesprächspartner auch den Eindruck erwecken, dass Sie ein vergeistigter Nerd sind.
Vermeiden sollte man in jedem Fall Sprüche oder Zitate, die den Eindruck vermitteln, man wolle mit ihnen nur beweisen, wie klug und gebildet man selbst ist. Im Zweifelsfalle ist ein witziger Spruch besser als ein übermäßig kluger!

 *„Guten Morgen, wie ist die Lage?"*

Gut:   *„Hoffnungslos, aber nicht ernst."*

Schlecht:  ☹  *„Horas non numero nisi serenas." (Ich zähle nur die heiteren Stunden)*

**Aufmerksam zuhören**

Obwohl in der Bezeichnung Small Talk das Reden (engl. talk) im Vordergrund zu stehen scheint, ist tatsächlich das Gegenteil der Fall. Die wichtigste Fähigkeit beim Small Talk ist nämlich nicht das Reden, sondern das Zuhören!

Dabei ist mit „Zuhören" nicht nur gemeint, selbst nicht zu sprechen. Richtiges Zuhören bedeutet, dem anderen seine volle Aufmerksamkeit zu schenken. Zum aufmerksamen Zuhören gehört auch, dem Gesprächspartner durch kurze Signale zu zeigen, dass man „bei der Sache" ist und das Geschilderte mitempfindet.

Kurzes Kopfnicken zeigt Zustimmung, Kopfschütteln Ablehnung oder Ungläubigkeit. Genauso gehören kurze Einwürfe wie „Oh nein", „ja", „natürlich!" oder „Da haben Sie völlig recht." zum aufmerksamen Zuhören dazu.

**Tipp**

Untersuchungen zeigen, dass Gesprächspartner sofort bemerken, wenn ein Zuhörer nicht aufmerksam ist. Wer in Gedanken nicht bei seinem Gesprächspartner, sondern ganz wo anders ist, verrät das unwillkürlich durch kleinste Veränderungen der Körperhaltung, der Mimik und der Augenbewegungen. Es reicht also nicht, nur „so zu tun", als ob man zuhört. Um einen guten Eindruck zu hinterlassen, sollte das Zuhören ehrlich gemeint sein.

**Die richtigen(!) Fragen stellen**

Stellen Sie Ihrem Gesprächspartner Fragen zu Themenbereichen, in denen er sich gut auskennt, oder über ihn selbst als Person. Jeder liebt es, wenn jemand Interesse an ihm selbst oder an seinem Fachgebiet zeigt. Nur allzu gerne nehmen Gesprächspartner die Möglichkeit wahr, von sich selbst zu sprechen oder mit ihrem Wissen „glänzen" zu können. Manchmal mehr, als einem lieb ist ...

Wichtig hierbei: Es sollte sich natürlich um ein Thema handeln, über das der andere auch eine kompetente Meinung äußern kann. Es wäre also ziemlich sinnlos, oder sogar ungünstig, einen Taxifahrer nach einer komplizierten mathematischen Formel, oder einen 75jährigen nach der Platzierung des neuen Albums von Lady Gaga in den Charts zu fragen.

**Offene oder geschlossene Fragen**

Wählen Sie für Ihre Fragen immer eine offene Frageform, also eine, auf die der Befragte nicht einfach mit „Ja" oder „Nein" antworten muss.

**Beispiele:**

Geschlossene Frage: *„Hat Ihnen der Film gefallen?"*

Offene Frage: *„Was hat Ihnen an dem Film besonders gut gefallen?"*

Geschlossene Frage: *„Wie spät ist es?"*

Offene Frage: *„Was haben Sie heute noch vor?"*

**Fragen geschickt beantworten**

Um den Small Talk in Gang zu halten und gleichzeitig den anderen zu motivieren, mehr von sich selbst zu erzählen, sollten auch Sie Fragen nicht einfach mit *„Ja"*, *„Nein"*, oder *„Weiß nicht"* beantworten. Denn auch Antworten können offen oder geschlossen sein, wobei die Beispiele („Ja", „Nein" usw.) typische geschlossene Antworten sind. Um offen zu antworten, fügen Sie Ihren Antworten einfach noch eine kurze Erläuterung oder weitere Details hinzu.

Auf die Frage „Wie war denn Ihr Urlaub?" antworten Sie nicht etwa „Sehr  schön.", sondern zum Beispiel:

*„Der Urlaub war großartig. Wir waren in Österreich und haben dort an einer Rafting-Tour teilgenommen. Das war ziemlich aufregend, weil unser Boot gekentert ist und …"*

*„Wie haben Sie denn Ihren Urlaub verbracht?"*

**Gemeinsamkeiten finden**

Gemeinsamkeiten machen sympathisch. Ein gemeinsames Hobby, ein gemeinsamer Musikgeschmack und sogar eine gemeinsame Erkrankung sorgen dafür, dass sich beide Gesprächspartner gegenseitig für besonders sympathisch halten.

Gemeinsamkeiten kann man immer finden:

- Die gemeinsame Arbeit
- Die gemeinsame Branche
- Gemeinsame Hobbys
- Der gemeinsame Musikgeschmack
- Gemeinsame Urlaubsziele
- Gemeinsamkeiten in der Familiensituation (gleichaltrige Kinder, Schule etc.)

Im ungünstigsten Fall bleibt immer noch das gemeinsame Leiden unter dem aktuellen Wetter.

**Andere am Gespräch beteiligen**

Eine gute Gelegenheit, um sich selbst den Small Talk zu erleichtern und ihn gleichzeitig interessanter zu machen, ist es, Umstehende in das Gespräch mit einzubeziehen. Insbesondere bei Partys, Empfängen oder auch im Messe-Café und beim Warten vor dem Konferenzraum sind die meisten Teilnehmer froh, wenn sie sich an einem Gespräch beteiligen können.

**Nicht vergessen:**

Vielen anderen ergeht es genauso, wie Ihnen selbst. Auch sie trauen sich vielleicht nicht, von sich aus ein Gespräch zu beginnen. Sie können also davon ausgehen, dass sich die meisten Menschen darüber freuen, wenn sie eingeladen werden, sich an einem Gespräch zu beteiligen. Und wenn nicht, ist es auch gut. Es ist ja nur ein freundliches Angebot.

Um jemanden zum Gespräch einzuladen, ist es am einfachsten, ihm eine direkte Frage zu stellen.

- *„Entschuldigung, wissen Sie, worum es in dem Vortrag genau geht?"*
- *„Was glauben Sie, wie das Fußballspiel heute ausgeht?"*
- *„Hatte Ihr Zug auch Verspätung?"*
- *„Wie gefällt Ihnen die Veranstaltung?"*

Nicht vergessen: Sind mehrere Personen an einem Gespräch beteiligt, sollten Sie zu allen immer wieder kurz Blickkontakt aufnehmen.

**Gut vorbereiten**

Der *perfekte* Small Talker braucht keine Vorbereitung. Ihm fällt zu jedem denkbaren Thema eine kluge und passende Bemerkung ein, und er kann aufgrund seiner überragenden Bildung bei jedem Thema mitreden.

Leider gehören nur die wenigsten von uns zu dieser vorbildlichen Spezies. Deshalb sollten wir ein wenig Zeit in die Vorbereitung eines Small Talks investieren.

Ein wichtiger Teil dieser Vorbereitung besteht darin, sich darüber Gedanken zu machen, um welche Themen sich ein Small Talk drehen *könnte*. Wenn Sie zum Beispiel eine Party besuchen, sollten Sie etwas über den Gastgeber wissen und auf Nachfrage erläutern können, woher Sie ihn kennen.

Bei einer Theateraufführung ist es von Vorteil, den Autor und die Handlung des Stücks zumindest ungefähr zu kennen. Wenn Sie dann noch ein wenig über das Theater selbst, die Schauspieler und den Regisseur wissen, kann Ihnen schon nicht mehr viel passieren.

Das Gleiche gilt für den Kinobesuch. Eine kurze Recherche im Internet macht Sie schon fast zum Experten, der „aus dem Ärmel" passende Bemerkungen zum Film und den Schauspielern machen kann.

Zu einer guten Vorbereitung gehört auch, dass man zwei oder drei passende Themen für einen Gesprächseinstieg parat hat. Gut geeignet dafür sind Themen, die sich entweder auf das direkte Umfeld (Gastgeber, Lokalität etc.) oder auf ein allgemeines, aktuelles Thema beziehen. Das kann zum Beispiel eine aktuelle Nachrichtenmeldung oder ein Sportereignis sein (aber Vorsicht beim Thema Politik!).

### Einen positiven Abschluss finden

Nehmen Sie ein gutes Gespräch nicht einfach als selbstverständlich hin. Spätestens bei der Verabschiedung sollten Sie sich für das Gespräch und die Informationen, die Sie erhalten haben, bedanken.

☺  *„Danke für das interessante Gespräch. Ich habe viel gelernt."*

☺ *„Es war nett, mit Ihnen zu plaudern.“*

☺ *„Danke für Ihre Zeit und die interessanten Informationen.“*

☺ *„Danke für Ihre Informationen. Sie haben mir sehr weitergeholfen.“*

☺ *„Danke für das Gespräch, vielleicht sieht man sich mal wieder?“*

Wenn Sie jemanden gerade erst kennengelernt haben, oder wenn Sie jemandem nach langer Zeit wieder einmal begegnet sind, macht es einen besonders guten Eindruck, wenn Sie betonen, dass Sie sich darüber freuen, die Person getroffen zu haben.

☺ *„Es hat mich sehr gefreut, Sie kennenzulernen.“*

☺ *„Schön, dass wir uns mal wieder getroffen haben.“*

☺ *„Ich bin sehr froh, dass ich Sie getroffen habe.“*

☺ *„Bis zum nächsten Mal. Ich werde an Ihren Rat denken!“*

☺ *„Viel Glück bei Ihrem Projekt!“*

☺ *„Ich wünsche Ihnen alles Gute.“*

**Zitat**

*Jeder Abschied ist die Geburt einer Erinnerung.*

Sie können selbst dafür sorgen, dass es eine gute Erinnerung ist, die andere von Ihnen mitnehmen. Spätestens beim nächsten Treffen werden Sie davon profitieren.

## Gute Themen für den Small Talk

Ein ganz wesentliches Kriterium für gelungenen Small Talk ist, ein gutes Thema zu finden. Gute Themen sind solche, über die beide Gesprächspartner etwas Sinnvolles oder etwas Witziges sagen können. Gut geeignet sind auch Themen, von denen die Gesprächspartner gleichermaßen betroffen sind. Interessanterweise sind es gerade unangenehme Erlebnisse, die selbst völlig Fremde sozusagen „zusammenschweißen".

Wartet man zum Beispiel gemeinsam auf einen Zug, der wieder mal verspätet ist, entwickelt sich schnell ein Zusammengehörigkeitsgefühl zwischen den Wartenden. Und das ist in jedem Fall eine gute Gelegenheit für Small Talk.

Ein anderes Beispiel ist das Wetter. Ganz gleich, ob es zu heiß oder bitterkalt ist, ob es regnet, oder ob die Straßen vereist sind: Zum Thema „Wetter" hat jeder etwas mitzuteilen, und wenn es nur die Beschwerde ist, dass es schon wieder regnet, der Sommer zu heiß oder der Winter zu kalt ist.

Leider ist das Sprechen über das Wetter nur in den wenigsten Fällen wirklich interessant. Manche Leute empfinden eine Äußerung wie „Schönes Wetter, heute." schon als Ironie oder doch zumindest als Ausdruck einer völlig nichtssagenden Äußerung.

Man sollte sich das Sprechen über das Wetter also für die Fälle aufsparen, in denen es wirklich <u>gar kein</u> besseres, gemeinsames Thema gibt.

### Beispiele:

Im Folgenden finden Sie einige Beispiele für Small Talk-Themen, die immer funktionieren. Es gibt natürlich noch sehr viele weitere Dinge, über die man *smalltalken* kann. Meist ergibt sich ein Thema ganz spontan aus der aktuellen Situation. Je häufiger Sie Small Talk einüben, desto leichter fällt es Ihnen, ein passendes Thema zu finden.

**Die aktuelle Situation im Büro / in der Firma**

Sprechen Sie über allgemein bekannte Vorkommnisse oder Themen. Vermeiden Sie, schlecht über Dritte zu reden. Hüten Sie sich davor, Vertrauliches auszuplaudern oder unangemessen vertrauliche Gespräche mit Vorgesetzten zu führen.

**Der aktuelle Ort**

Hierzu gibt es fast immer etwas zu sagen. Loben Sie das Haus des Gastgebers oder die schöne Landschaft, den Garten oder den Stadtteil.

**Unverbindliche Politik**

Äußerungen zu politischen Themen sind mit Vorsicht zu verwenden. In Ordnung ist es, eine ganz allgemeine Äußerung zu machen, über die man kaum geteilter Meinung sein kann. Streitgespräche über politische Ausrichtungen oder Politiker sind tabu und eben <u>kein</u> Small Talk.

**Kultur**

- Was lesen Sie gerade? Welche Bücher stehen aktuell in den Bestsellerlisten ganz oben?

- Was läuft gerade im Kino? Welche Filme werden gerade diskutiert?

- Was haben Sie zuletzt im Theater gesehen? Was läuft gerade auf den örtlichen Bühnen?

**Anreise / Abreise**

Die An- und Abreise ist ein Thema, das immer funktioniert. Natürlich ist es nur dann interessant, wenn der Gesprächspartner eine längere Anreise hinter sich hat und nicht im Nachbarhaus wohnt ;-)

**Gastgeber**

Wenn Sie auf einer Party eingeladen sind, ist der Gastgeber ein guter Anknüpfungspunkt für Small Talk. Woher kennt Ihr Gesprächspartner den Gastgeber? Ist er mit ihm befreundet, sind sie Kollegen oder Verwandte?

Achtung: Hier gilt noch mehr der Grundsatz, beim Small Talk nicht schlecht über andere zu sprechen. Jede negative Äußerung über den Gastgeber, die Party oder Gäste ist tabu!

**Haustiere**

Haustiere sind ein besonders dankbares Thema. Treffen Sie auf jemanden, der einen Hund hat, reicht die kleinste Andeutung von Interesse, um ihn zum ausführlichen Plaudern zu veranlassen.

Ähnlich verhält es sich natürlich mit Katzen, aber zum Beispiel auch mit Pferden. Treffen zwei Reiter aufeinander, gibt es genug Gesprächsstoff für den ganzen Abend. Auch exotische Haustiere sind ein gutes Thema für Small Talk.

**Sport**

Sport ist ein beliebtes Small Talk Thema, besonders unter Männern. Häufig drehen sich solche Gespräche um Fußball oder Motorsport (hier besonders die „Formel 1").

Beim Sport ist es erlaubt, und manchmal sogar erwünscht, eine dem Gesprächspartner gegenüber abweichende Meinung zu vertreten. Fan einer bestimmten Fußballmannschaft zu sein, die in Konkurrenz zur Lieblingsmannschaft des Gesprächspartners steht, ist völlig in Ordnung.

Die Voraussage, dass ein bestimmter Formel-1-Pilot ein Rennen gewinnen wird, wird wie eine Art Wette aufgefasst, bei der sich nach dem Rennen zeigt, wer sie gewonnen hat.

## Tipp

Auch wenn Sport Sie überhaupt nicht interessiert und Sie weder vom Fußball noch vom Autorennen etwas verstehen, macht es einen guten Eindruck, wenn Sie über die elementarsten Fakten aus der Welt des Sports informiert sind.

## Zitat

*„Sprich mit den Leuten über das, was sie verstehen: mit dem Jäger über die Jagd, mit dem Fischer über den Fischfang, mit dem Winzer über den Wein. Das gibt immer ein gutes Gespräch."*

(Friedrich Georg Jünger, deutscher Schriftsteller)

## Ein guter Tipp

Machen Sie bei Menschen, die Sie in längeren Abständen vielleicht oder wahrscheinlich noch einmal wieder treffen werden, Notizen über Ihr Gespräch. Das sollte natürlich nicht während des Gesprächs geschehen, aber schon möglichst noch am gleichen Tag. Notieren Sie bestimmte Informationen, die Sie von Ihrem Gesprächspartner bekommen haben. Dazu gehören zum Beispiel:

- Der Name (Wird leider oft vergessen!)

- Ist er oder sie verheiratet?

- Hat er oder sie Kinder? Wenn ja, wie viele und in welchem Alter sind sie?

- In welchem Land, in welcher Stadt ist der Betreffende geboren?

- Welche Hobbys hat er?

Darüber hinaus können Sie alles notieren, was an Ihrem

221

Gesprächspartner besonders interessant oder ungewöhnlich ist. Der Effekt, den Sie erzielen, wenn Sie sich bei einem erneuten Treffen an solche Details erinnern, ist kaum zu übertreffen.

Sie geben Ihrem Gesprächspartner damit das Gefühl, wichtig zu sein und von Ihnen geschätzt zu werden. Sie selbst wirken dadurch automatisch freundlich, intelligent und kompetent.

ALEXANDER STERN

## Was tun, wenn die Chemie nicht stimmt?

Das Schöne am Small Talk ist, dass er völlig unverbindlich ist. Das heißt, beide Gesprächspartner können sich ganz entspannt und aus sicherer Entfernung gegenseitig taxieren.

Deshalb ist es auch kein Beinbruch, wenn man nach einigen Minuten feststellt, dass die sprichwörtliche Chemie zwischen einem selbst und dem Gesprächspartner nicht stimmt. Meist merkt man das ziemlich schnell und es ist kein Problem, den Small Talk dann abzubrechen.

So kann man ein Gespräch abbrechen, ohne unhöflich zu wirken:

- *„Bitte entschuldigen Sie mich, wir sehen uns sicher noch."*
- *„Ah, da drüben ist noch jemand, den ich begrüßen möchte."*
- *„Vielleicht können wir uns später weiter unterhalten, ich muss gerade eben ..."*
- *„Ein sehr spannendes Thema, ich muss jetzt aber sofort zum Buffet. Ich sterbe vor Hunger!"*
- *„Leider muss ich schon weiter. Ich wünsche Ihnen noch einen schönen Tag."*

### Nutzen Sie jede Gelegenheit zum Einüben von Small Talk

Die Fähigkeit zum gekonnten Small Talk ist, wie viele andere Fähigkeiten auch, keine Frage der Gene, sondern eine Frage der Übung. Jedes Mal, wenn Sie einen Small Talk halten, verbessert sich Ihre Fähigkeit dazu. Jede noch so kleine Unterhaltung gibt Ihnen Routine und Sicherheit.

Nutzen Sie deshalb konsequent alle Chancen, die sich Ihnen diesbezüglich bieten. Wechseln Sie ein paar nette Worte mit der Verkäuferin an der

223

Ladenkasse oder mit dem Nachbarn von gegenüber. Das müssen keine druckreifen Gespräche sein und es ist auch völlig in Ordnung, wenn Sie sich vorher einige Sätze für den Einstieg zurechtlegen.

Umso häufiger Sie *smalltalken*, desto seltener werden Sie solche Hilfsmittel benötigen. Beim Small Talk gilt wie überall: Übung macht den Meister!

## Diese Small Talk-Fehler sollten Sie vermeiden

Es gibt einige Verhaltensweisen, die beim Small Talk einen schlechten Eindruck erwecken.

 **Besserwisserei**

Es gibt nur wenige Dinge, bei denen man sich im Gespräch mit anderen Menschen absolut sicher sein kann. Eines davon ist, dass andere es nicht lieben, wenn man sie korrigiert oder ihnen beweist, dass sie im Unrecht sind.

*Kaum etwas macht so unsympathisch wie Besserwisserei!*

Obwohl jeder weiß, wie ungern man selbst korrigiert wird (insbesondere, in der Gegenwart weiterer Personen), wird es doch immer wieder gemacht. Die Verlockung, mit dem eigenen Wissen zu glänzen und gleichzeitig zu zeigen, dass man klüger ist, als andere ist sehr groß.

Und möglicherweise erreicht man dadurch sogar, dass man tatsächlich von den anderen für besonders klug oder gebildet gehalten wird. Doch ist es das, was wir von anderen wollen? Was nützt es, wenn man den Ruf hat, alles zu wissen, wenn keiner mit uns sprechen will, weil wir als besserwisserisch und unsympathisch gelten?

 **Ungebetene Ratschläge**

Ein Spezialfall von Besserwisserei ist das Erteilen ungebetener Ratschläge. Solange Sie nicht ausdrücklich nach einem Rat gefragt werden, sollten Sie auch keinen erteilen.

Richtig unsympathisch macht man sich vor allem dann, wenn man auf dem gegebenen Rat auch dann beharrt, wenn der andere ihn nicht beherzigen will. Halten Sie sich an das, was schon Goethe dazu sagte:

*„Rat zu geben ist das dümmste Handwerk, das einer treiben kann. Rate sich jeder selbst und tue, was er nicht lassen kann."*

*Johann Wolfgang von Goethe*

 **Ständig von sich selbst reden**

Etwas von sich selbst zu erzählen kann ein guter Eisbrecher sein, der den Gesprächspartner dazu ermuntert, auch etwas von sich preiszugeben. Allerdings darf man es damit nicht übertreiben. Insbesondere das häufige Herausstellen eigener Leistungen oder Erfolge erweckt in der Regel keinen guten Eindruck.

Auch die eigene Lebens- und Leidensgeschichte will niemand mehr als einmal und dann in Kurzform erfahren. Immer wieder die gleichen Klagen und halbwahren Geschichten aus dem eigenen Leben will niemand hören.

**Vorsicht Ironie!**

Ironische Bemerkungen sind solche, bei denen man (aus Spaß) etwas anderes sagt, als man eigentlich meint.

Manchmal ist das leicht zu durchschauen:

 *„Das ist ja wieder ein großartiges Wetter heute!" (wenn es in Strömen regnet).*

Manchmal auch nicht:

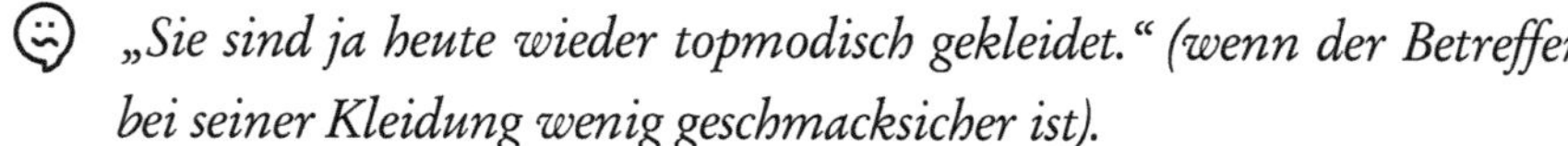 *„Sie sind ja heute wieder topmodisch gekleidet." (wenn der Betreffende bei seiner Kleidung wenig geschmacksicher ist).*

Ironie beweist Geist und Humor. Sie könnte also ein gutes Mittel sein, um bei anderen einen sympathischen Eindruck zu machen.

Aber Vorsicht: Nicht jeder erkennt eine ironische Bemerkung auch als solche. Nimmt Ihr Gesprächspartner eine ironisch gemeinte Bemerkung ernst, sollten Sie sofort gegensteuern und betonen, dass es sich nur um einen Scherz gehandelt hat.

 *„Sie kommen mir bekannt vor. Kenne ich Sie vielleicht von einem Fahndungsfoto?"*

*„???"*

*„Das war nur ein Scherz!!!"*

Solange Sie Ihren Gesprächspartner noch nicht richtig einschätzen können, müssen Sie den ironischen Unterton einer Bemerkung so deutlich machen, dass deutlich wird, wie sie gemeint ist.

Sympathisch wirken hingegen selbstironische Bemerkungen. Diese zeigen, dass Sie sich selbst nicht allzu ernst nehmen. Das wirkt dann in jedem Fall sympathisch.

 *„Ich bin auch sehr musikalisch. Ich spiele hervorragend Radio!"*

###  Schlecht über Dritte reden

Obwohl es manchmal sehr verlockend sein kann, sich am „Tratsch und Klatsch" über andere zu beteiligen, sollten Sie keine abwertenden Bemerkungen über Dritte machen. Jeder, der das erlebt, denkt sich natürlich, dass Sie über ihn selbst genauso reden, wenn er gerade nicht anwesend ist.

###  Nicht richtig zuhören

Dem Gesprächspartner nicht aufmerksam zuzuhören, ist nicht nur schlechtes Benehmen. Sie verspielen dadurch auch die Chance, von Ihrem Gegenüber positiv und sympathisch wahrgenommen zu werden.

Ganz gleich, wie unwichtig das gerade Gesprochene ist, sollte Ihre Aufmerksamkeit zu 100 Prozent bei Ihrem Small Talk Partner sein. Zum aufmerksamen Zuhören gehört auch, die Blicke nicht im Raum umherschweifen zu lassen. Das vermittelt Ihrem Gesprächspartner das Gefühl, er langweile Sie.

###  Zu indiskret sein

Freundlich, aber nicht kumpelhaft. So sollte ein Small Talk verlaufen. Zum gelungenen Small Talk gehört immer auch die Einhaltung der nötigen Distanz.

**Schlecht:**

🙁 *„Wie ich Sie einschätze, trinken Sie bestimmt auch gerne mal einen über den Durst."*

🙁 *„Wieso bestellen Sie nur einen Salat? Haben Sie Gewichtsprobleme, oder sind Sie geizig?"*

🙁 *„Was sind das für hässliche Flecken auf Ihrem Arm? Ist das ansteckend?"*

Wie förmlich Ihr Verhalten sein sollte, hängt natürlich stark von Ort und Anlass des Zusammentreffens mit Ihrem Small Talk – Partner zusammen. Während es in der Disco völlig normal ist, auch Unbekannte zu duzen, ist es auf einer privaten Party nicht immer und bei einem Geschäftstreffen niemals OK, jemanden zu duzen, mit dem man nicht gut befreundet ist.

Tabu sind auch zu private Fragen. Und auch Sie selbst sollten keine intimen Details aus Ihrem Privatleben preisgeben. Das wirkt nur peinlich und keinesfalls selbstbewusst.

###  Eindringen in die Distanzzone des anderen

Jeder Mensch hat mehrere räumliche Distanzzonen, in die andere nur dann „eindringen" dürfen, wenn ein besonderes Verhältnis zwischen beiden Personen besteht.

Man unterscheidet die sogenannte „Intime Distanz" (vom Körper bis zu 60 Zentimeter um die Person herum) und die „Persönliche Distanz" (von 60 Zentimeter bis 150 Zentimeter um die Person herum).

Das Eindringen in beide Zonen ist ausschließlich Freunden, Familienmitgliedern und sehr guten Bekannten erlaubt. Wenn Sie zu keiner dieser Gruppen gehören, müssen Sie unbedingt einen Abstand von mindestens einer Armlänge einhalten. Wird diese Distanz unterschritten, fühlt sich der andere bedrängt und unwohl. Sie selbst wirken dadurch aufdringlich und aggressiv. Halten Sie immer so viel Abstand, dass Sie den anderen nicht berühren können, ohne den Arm auszustrecken.

 **Problemthema: Witze**

Erstaunlicherweise passiert es immer wieder, dass Menschen, die ansonsten genau wissen, wie man sich gut benimmt, beim Thema Witze, alle Hemmungen verlieren, und völlig aus der Rolle fallen.

Tabu sind natürlich alle „Schmuddelwitze" oder sogenannte „Herrenwitze". Auch wenn Ihre Gesprächspartner solche Witze zum Besten geben: <u>Sie</u> sollten das nicht tun.

Das Gleiche gilt für jede Art von diskriminierenden „Witzen". Ganz gleich, ob Menschen einer bestimmten Nationalität, Hautfarbe oder Religion Thema eines Witzes sind: Solche Witze sind absolut peinlich und damit tabu! Das Gleiche gilt natürlich auch für Witze über andere Minderheiten, wie zum Beispiel Menschen mit Behinderungen.

 **Sich selbst verstellen oder gar lügen**

Nicht wenige Menschen versuchen beim Small Talk sich selbst in einem vermeintlich besseren Licht oder anders darzustellen, als es der Wirklichkeit entspricht. Insbesondere, wenn es um Themen wie Erfolg, Einkommen oder Sport geht, wird oft übertrieben, geflunkert oder schlicht gelogen.

Das Problem dabei: Der Gesprächspartner merkt ziemlich schnell, dass das nicht alles der Wahrheit entspricht, was er da hört. Zudem wirkt das Prahlen mit den eigenen Leistungen auch immer unsympathisch.

**Small Talk - Tabuthemen**

Es gibt beim Small Talk einige Gesprächsthemen, die Sie unbedingt vermeiden sollten.

- ⚠ Politik
- ⚠ Religion
- ⚠ Vertrauliches
- ⚠ Berufs-Interna
- ⚠ Geld, insbesondere Geldprobleme jeglicher Art, aber auch das Prahlen mit viel Geld
- ⚠ Krankheiten
- ⚠ Persönliche Probleme
- ⚠ Sex

Die genannten Themen bergen viel Konfliktpotenzial oder sind einfach zu privat. Sie eignen sich generell nicht für einen kurzen Plausch zwischendurch. Small Talk soll immer für beide Seiten unverbindlich und entspannend sein. Tiefschürfende Probleme und kontroverse Themen können Sie bei anderer Gelegenheit diskutieren.

SELBSTBEWUSSTSEIN KANN MAN LERNEN!

# Komplimente machen und Komplimente annehmen

Ein Kompliment oder ein Lob zu bekommen, ist eine wunderbare Sache. Jeder, der ein Kompliment bekommt, fühlt sich danach besser.

Ein Kompliment ist der Beweis dafür, dass wir eine gute Eigenschaft haben (z. B. gut aussehen) oder etwas besonders gut können (z. B. kochen oder einen Vortrag halten). Ein Kompliment zu bekommen, hebt nicht nur sofort die Laune, sondern trägt auch wesentlich zum Selbstbewusstsein des Komplimentempfängers bei.

Merkwürdig ist nur, dass es trotz dieser vielen positiven Aspekte vielen von uns äußerst schwerfällt, ein Kompliment auszusprechen. Menschen mit geringem Selbstbewusstsein haben darüber hinaus oft auch Probleme, ein Kompliment anzunehmen und sich darüber zu freuen.

Häufig kommt es dann zu Gedanken wie:

 *„Wenn der wüsste, wie ich wirklich bin!"*

*„Das sagt der doch jetzt nur, weil er etwas von mir will."*

 *„Oh, ist das peinlich. Vor allen Leuten!"*

*„Warum lobt der mich? Das ist verdächtig!"*

Im Folgenden schauen wir uns deshalb an, wie Sie das besser machen können.

## So macht man anderen ein Kompliment:

Anderen ein Kompliment zu machen, ist scheinbar gar nicht so einfach. Anders ist es nicht zu erklären, dass dieses perfekte Sympathiemittel so selten eingesetzt wird. Dabei ist es tatsächlich gar nicht schwierig, anderen eine Freude zu machen und sich selbst gleichzeitig in ein gutes Licht zu rücken. Im Folgenden erfahren Sie, wie Sie dieses Mittel zukünftig für sich einsetzen können.

### 1. Den Gesprächspartner anschauen und lächeln

Das sollte eigentlich selbstverständlich sein, ist es aber nicht. Menschen, denen es unangenehm ist, ein Kompliment auszusprechen, blicken oft zur Seite oder zu Boden, während sie das Kompliment aussprechen.

Das erzeugt natürlich keinen guten Eindruck. Der Gesprächspartner könnte zum Beispiel den Eindruck bekommen, dass das Kompliment nicht ehrlich gemeint ist. Natürlich gehört zu einem Kompliment auch der passende Gesichtsausdruck. Lächeln Sie, um das Kompliment zu unterstützen und Ihre freundliche Haltung dem Gesprächspartner gegenüber auszudrücken.

### 2. Den Gesprächspartner mit seinem Namen ansprechen

Alle Menschen reagieren mit positiver Aufmerksamkeit, wenn man sie mit ihrem Namen anspricht. Sie haben danach die uneingeschränkte Aufmerksamkeit Ihres Gesprächspartners. Die perfekte Einleitung für das darauf folgende Kompliment.

### Beispiele

☺ *„Guten Morgen Herr Wagner, Sie haben ja einen wunderschönen Garten."*

☺ *„Hallo Frau Meyer, Ihr Vortrag hat mir sehr gut gefallen."*

- ☺ *„Steffi, das hast du sehr gut gemacht!"*

- ☺ *„Herzlichen Glückwunsch zu Beförderung, Frau May. Sie haben das auch wirklich verdient."*

**Oder auch einfach in Kurzform:**

- ☺ *„Wow, gut gemacht, Leon!"*

- ☺ *„Gefällt mir!"*

- ☺ *„Sehr schön."*

- ☺ *„Bravo!"*

**Ein Kompliment sollte (mehr oder weniger) der Wahrheit entsprechen.**

Für viele Menschen und ganz besonders für bestimmte Berufsgruppen gehört das Verteilen von nicht wirklich ernst gemeinten Komplimenten zum Alltag. Sie machen Komplimente, um sich beim Gesprächspartner einzuschmeicheln oder um etwas beim anderen zu erreichen.

Auf diese Art von Komplimenten sollten Sie verzichten. Sie hinterlassen nur bei unbedarften Menschen einen positiven Eindruck. Auch im Freundeskreis sind falsche Komplimente fehl am Platz. Hier werden sie im besten Fall amüsiert und im schlechtesten Fall verärgert aufgenommen.

Jemanden wegen einer Eigenschaft zu loben, die er offensichtlich gar nicht hat, führt dazu, dass derjenige sich auf den Arm genommen fühlt, oder das Gefühl hat, manipuliert zu werden. Zudem ist es eher peinlich, jemanden zum Beispiel wegen seines guten Aussehens zu loben, wenn jeder sehen kann, dass das Kompliment völlig unangebracht ist.

**Tipp:**

Es gilt immer die Regel:

*„Öffentlich loben aber unter vier Augen tadeln!"*

Das heißt, dass wir uns mit Kritik an anderen zurückhalten sollten, wenn es Zuhörer gibt. Wir ersparen dem Kritisierten damit die Scham, vor anderen schlecht dazustehen. Die Erfahrung zeigt zudem, dass die Anwesenheit Dritter meist nur dazu führt, dass der Kritisierte sämtliche Kritik von sich weist und seinerseits einen Gegenangriff startet. Denken Sie einfach daran, wie Sie selbst behandelt werden möchten, wenn <u>Sie</u> einen Fehler gemacht haben. Dann machen Sie schon automatisch alles richtig.

**Zitat**

*„Tadeln ist leicht; deshalb versuchen sich so viele darin. Mit Verstand loben ist schwer; darum tun es so wenige."*

*(Anselm Feuerbach, deutscher Maler)*

## So nimmt man ein Kompliment selbstbewusst an

Es ist schön, ein Kompliment zu bekommen. Daran gibt es eigentlich keinen Zweifel. Trotzdem haben viele damit offenbar ein Problem. Sei es aus falscher Bescheidenheit oder aus Misstrauen. Auch das Gefühl, ein Lob nicht wirklich verdient zu haben spielt dabei eine Rolle. Komplimente werden dann häufig zurückgewiesen oder zumindest nicht gewürdigt. Hier erfahren Sie, wie Sie es richtig machen.

**Sich bedanken.**

Wenn Sie ein ernst gemeintes Kompliment bekommen, bedanken Sie sich dafür. Sagen Sie einfach:

☺     *„Danke!"*

☺     *„Vielen Dank!"*

☺     *„Es freut mich, dass Ihnen … gefällt."*

☺     *„Ja, ich finde auch, dass … sehr schön geworden ist."*

**Das Kompliment mit der richtigen Haltung entgegennehmen**

Lächeln Sie und schauen Sie Ihrem Gesprächspartner dabei in die Augen. Stehen oder sitzen Sie aufrecht. Es muss Ihnen nichts peinlich sein. Sie müssen sich nicht verstecken. Sie haben das Kompliment schließlich verdient!

**Das Kompliment mit anderen teilen**

Wenn andere zu dem gelobten Ergebnis mit beigetragen haben, sollten Sie das auch erwähnen. Darüber freuen sich nicht nur die Betroffenen, es macht auch einen guten Eindruck bei demjenigen, von dem das Lob oder Kompliment gekommen ist.

☺ *„Vielen Dank, aber ohne die Hilfe von XY hätte ich es nicht geschafft."*

☺ *„Danke, meine Frau / mein Mann hat dabei geholfen, dass es so gut geworden ist."*

☺ *„Danke, ich gebe das Kompliment gerne an Frau X weiter. Ohne sie wäre es nicht möglich gewesen."*

## Ein Kompliment erwidern

Wenn sich die Gelegenheit ergibt, macht es einen guten Eindruck, wenn Sie ein Kompliment erwidern können.

☺ *„Danke, Ihr Urteil ist mir ganz besonders wichtig."*

☺ *„Danke, ohne Ihre Hilfe, wäre das nicht so gut geworden."*

☺ *„Danke, aber Ihre Vorarbeit hat das erst möglich gemacht."*

## So nicht:

Weisen Sie das Kompliment nicht mit der Bemerkung zurück, dass es falsch ist.

☹ *„Ach nein, es hätte besser sein können."*

☹ *„Nein, ich sehe heute ja furchtbar aus!"*

☹ *„Nein, Sie wollen mich nur trösten."*

☹ *„Wir wissen doch beide, dass es nicht wirklich gut war."*

## Werten Sie das Kompliment nicht ab:

☹ *„Ach, das war doch nichts Besonderes."*

☹ *„Das hätte jeder gekonnt.“*

☹ *„Es ist mir auch schon mal besser gelungen.“*

Menschen mit geringem Selbstbewusstsein neigen dazu, Komplimente zurückzuweisen oder zu relativieren. Damit werten sie nicht nur sich selbst, sondern auch das Urteilsvermögen desjenigen ab, der das Kompliment ausgesprochen hat.

Betrachten Sie es als Teil Ihrer Aufgabe, das zukünftig nicht mehr zu tun. Sie gewöhnen sich schon bald daran und merken schnell, wie gut das für Ihr Ego ist.

**Rhetorik-Tipp:**

Wenn Ihnen jemand ein ironisch gemeintes „Kompliment" macht, bedanken Sie sich trotzdem so, als wäre es ernst gemeint gewesen. Sie können Ihrem Gesprächspartner so ganz schnell „den Wind aus den Segeln nehmen".

😠 *„Herr, Meyer, das haben Sie ja wieder mal ganz toll hinbekommen!"*

😊 *„Vielen Dank, ich denke, beim nächsten Mal wird es noch besser!"*

# Selbstbewusst durch Schlagfertigkeit

Schlagfertigkeit, also das prompte verbale Reagieren auf unvorhergesehene Äußerungen oder Situationen ist eine Fähigkeit, die stark zum Selbstbewusstsein beiträgt. Wer schlagfertig ist, kann sich in jeder Situation mit einer passenden Antwort oder Reaktion helfen. Schlagfertige Antworten können einem Widersacher „den Wind aus den Segeln" nehmen und peinliche Situationen geschickt überspielen.

Ein schönes Beispiel für eine besonders schlagfertige Antwort ist das folgende Zitat des ehemaligen britischen Premiers, Winston Churchill:

Churchill wurde während einer Abendgesellschaft von Lady Astor angegriffen. Die Dame sagte:

> *„Wenn ich Ihre Frau wäre, würde ich Ihnen Gift in den Kaffee schütten."*

Darauf antwortete Churchill:

> *„Wenn ich Ihr Mann wäre, würde ich ihn trinken!"*

**Schlagfertigkeit kann man lernen!**

Wundern Sie sich auch manchmal darüber, wie andere es schaffen, in so gut wie jeder Lebenslage eine passende Antwort parat zu haben? Die Erklärung für dieses Phänomen ist ganz einfach: Die haben das geübt.

Tatsächlich ist Schlagfertigkeit ähnlich wie Small Talk eine Fähigkeit, die <u>jeder</u> erlernen kann. Klar, es gibt Menschen, denen es besonders leicht fällt, schlagfertige Antworten zu formulieren. Für alle anderen (und das sind die meisten von uns) bleibt aber nur „üben, üben, üben".

Für den Start ist es sehr hilfreich, sich einige Regeln und Formulierungen zurechtzulegen, auf die man dann zurückgreifen kann, wenn eine schlagfertige Reaktion gefragt ist.

**Gute sachliche Vorbereitung:**

In jeder sachlichen Diskussion ist die fachliche Vorbereitung das A und O. Nur wenn man gut vorbereitet ist und weiß, wovon man spricht, kann man auch schlagfertig antworten.

**Einüben von schlagfertigen Antworten auf verbale Angriffe:**

Nur die wenigsten Verbalattacken sind besonders originell oder einfallsreich. 99 Prozent aller Angriffe laufen nach dem immer gleichen Schema und häufig auch im gleichen Wortlaut ab.

Auf solche Angriffe können Sie sich vorbereiten, indem Sie eine Liste mit typischen Angriffsformulierungen erstellen und sich bereits im Vorfeld Gedanken darüber machen, wie Sie auf die eine oder andere Bemerkung reagieren wollen.

## Wo kann man Schlagfertigkeit einsetzen?

Schlagfertigkeit kann sowohl zur Erheiterung aber auch als Methode der Selbstbehauptung und des Durchsetzungsvermögens eingesetzt werden. Macht man eine witzige, schlagfertige Bemerkung, gilt man automatisch als humorvoll und intelligent. Beide Eigenschaften kommen unserem Selbstbewusstsein natürlich sehr zugute.

Voraussetzung ist allerdings, dass mit der Bemerkung niemand verletzt, getroffen oder beleidigt wird. Dann kann die Reaktion schnell ins Gegenteil umschlagen.

Schlagfertigkeit kann aber auch ganz gezielt im Berufsleben eingesetzt werden. So wird Schlagfertigkeit in Meetings, Konferenzen oder Verhandlungen oft gern gesehen. Sie wird dort als Zeichen von Wachheit und Ideenreichtum bewertet.

### Tipp: Schlagfertigkeit und das Verhältnis zum Gesprächspartner:

Der erfolgreiche Einsatz von Schlagfertigkeit, und insbesondere von scherzhaften Bemerkungen, hängt direkt mit dem Verhältnis zusammen, das Sie zu dem jeweiligen Gesprächspartner haben. Generell gilt, umso länger man sich kennt und umso freundschaftlicher die Beziehung ist, desto mehr darf man sich „herausnehmen".

In vielen beruflichen Konstellationen, zum Beispiel bei Gesprächen mit Kunden, ist besondere Zurückhaltung geboten. „Flapsige" Bemerkungen sind hier nur in ganz wenigen Ausnahmefällen (in der Regel gar nicht) erlaubt. Im Zweifelsfall sollte man sich immer zunächst zurückhalten und beobachten, auf welcher Ebene der Gesprächspartner das Gespräch führen will.

Auch wenn es sich bei Ihrem Gesprächspartner um einen Vorgesetzten handelt, ist Zurückhaltung geboten. Dies gilt insbesondere im Beisein Dritter. Mancher Vorgesetzte ist vielleicht ganz locker, wenn Sie ihn privat treffen. Sind Dritte dabei, mögen es allerdings nur die wenigsten, wenn sie von Mitarbeitern nicht mit dem gebührenden Respekt behandelt werden.

Aber auch der umgekehrte Fall trifft zu. Wenn Sie mit Ihren schlagfertigen Bemerkungen jemanden bedenken, der Ihnen an Rang oder auch Eloquenz deutlich unterlegen ist, macht das keinen guten Eindruck. Solche Menschen sollten Sie fair und respektvoll behandeln. Als Ziel für besonders schlagfertige Bemerkungen sind sie nicht geeignet.

## Selbstbewusster Umgang mit Vorwürfen und Angriffen

### 1. Sachlich kontern

Je nach Gesprächsinhalt und Gesprächspartner kann es am sinnvollsten sein, einem Vorwurf oder einem Angriff ganz sachlich mit Argumenten zu begegnen. Insbesondere wenn es darum geht, dass man Ihnen etwas unterstellt, das Ihnen ernsthaft schaden könnte, sollten Sie sachlich antworten.

Sachliches Kontern ist vor allem im Geschäfts- und Arbeitsleben die beste Methode, da es hier in der Regel um Fakten und nicht um Meinungen geht. Trotzdem funktioniert auch hier die Methode „Fragen stellen" (siehe weiter unten) oft sehr gut. Sie lenkt die Aufmerksamkeit auf den Angreifer zurück und zwingt ihn, seine Vorwürfe zu konkretisieren oder bessere Lösungen zu präsentieren. Von beidem können Sie profitieren.

### Beispiele:

*„In Ihrer Abteilung funktioniert ja gar nichts!"*

*„Falsch, meine Abteilung hat als einzige im letzten Quartal ein Umsatzplus erzielt!"*

*„Sie haben das Problem XY überhaupt nicht im Griff."*

*„Erklären Sie bitte, was genau Sie damit meinen und was man Ihrer Meinung nach besser machen könnte."*

### 2. Ignorieren

Unsachlichen Vorwürfen kann man oft dadurch begegnen, indem man sie schlicht ignoriert. Man behandelt den Einwurf so, als hätte es ihn nicht gegeben.

Diese Methode ist dann besonders erfolgreich, wenn mehrere Gesprächspartner an dem Gespräch beteiligt sind. Man wendet sich dann einfach den anderen Gesprächspartnern zu und führt das Gespräch unbeeindruckt fort und straft den Angreifer mit Missachtung.

Der Angreifer wird dadurch verunsichert und isoliert. Sollte er es dann wider Erwarten noch einmal versuchen, können Sie mit einer der anderen Methoden kontern.

**Beispiele:**

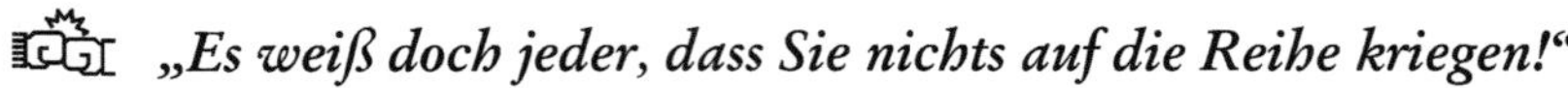 *„Es weiß doch jeder, dass Sie nichts auf die Reihe kriegen!"*

*„Herr Meier, Kollege Müller hat uns durch seine „hilfreiche" Bemerkung unterbrochen. Fahren Sie doch bitte mit Ihren Erklärungen fort. "*

**3. Durch Zustimmung überraschen**

Eine ganz simple, aber oft erfolgreiche Methode besteht darin, einem Vorwurf einfach zuzustimmen. Die meisten Angreifer sind daraufhin so perplex, dass Sie danach Ihre Ruhe haben. Darüber hinaus können Sie dem Angreifer so auch sehr elegant im Beisein anderer den Wind aus den Segeln nehmen.

**Beispiele:**

*„Haben Sie zugenommen?"*

*„Ja, das sieht man doch, oder?"*

*„Gut beobachtet!"*

*„Stimmt!"*

„Man kann die Antwort auch noch durch ein wenig Ironie aufpeppen:

*„Ja, es freut mich, dass Ihnen das aufgefallen ist. "*

💬 *„Ja, aber schön, dass Sie noch einmal darauf hinweisen."*

💬 *„Stimmt. Ich will mir doch nicht meine Figur ruinieren!"*

Man kann die Zustimmung auch noch weiter zuspitzen, indem man sie extrem übertreibt:

👑 **„Sind Sie nicht ein bisschen zu jung für diese Aufgabe?"**

💬 *„Ja, gestern noch im Kindergarten, heute schon am Arbeitsplatz."*

💬 *„Ja, aber sobald jemand meine Windel gewechselt hat, kann ich loslegen."*

👑 **„Sie sind ja nicht mehr der Jüngste."**

💬 *„Stimmt, man nennt mich auch Methusalem."*

💬 *„Ja, bringen Sie mich bitte gleich zu meinem Rollator."*

### 4. Fragen stellen

Manchem Angreifer kann man leicht den Wind aus den Segeln nehmen, indem man eine direkte Frage an ihn richtet. Er gerät dann in „Zugzwang" und kann seine spöttische oder aggressive Haltung nicht aufrechterhalten. Plötzlich ist er nämlich selbst in der Rolle desjenigen, der reagieren oder sich rechtfertigen muss.

**Beispiel:**

👑 **„Deinen Job möchte ich nicht haben. Für so ein paar Euro würde ich nicht arbeiten."**

💬 *„Da hast du nicht unrecht. Wie viel verdienst du denn eigentlich im Monat?"*

*„Ab wie viel Euro würdest du denn mal anfangen, zu arbeiten?"*

*„Ihre Abteilung hat mal wieder nur Mist gebaut!"*

*„Wie hätten Sie das Projekt denn durchgeführt?"*

*„Welche konkreten Vorschläge zur Verbesserung haben Sie denn?"*

*„Könnten Sie „Mist gebaut" bitte so formulieren, dass ich verstehe, was Sie meinen?"*

Die Rückfrage-Methode funktioniert übrigens so gut wie immer. Wenn Ihnen einmal gar nichts Schlagfertiges einfallen will, fragen Sie einfach zurück.

**Tipp: Nicht alles, was möglich ist, muss man auch tun:**

So sehr man auch einen verbalen Angriff sofort mit einer schlagfertigen Bemerkung kontern möchte. Es ist nicht in jedem Fall klug, das auch zu tun. Insbesondere, wenn Sie merken, dass der andere auf Streit aus ist, oder stur auf seinen Behauptungen beharrt, macht es keinen Sinn, sich länger damit abzugeben.

Auch das einseitige Beenden einer Diskussion oder eines Streits ist ein Zeichen von Selbstvertrauen und Stärke und kostet meist weniger Nerven, als den Streit bis zum Ende durchzufechten. Und für jedes Gespräch gilt natürlich, dass man sich darüber im Klaren sein sollte, was als Ergebnis herauskommen soll. Ist es wichtiger, recht zu bekommen, oder ist es wichtiger, dass das Gespräch zu einem positiven Ende kommt?

Bei einem Gespräch mit einem Geschäftspartner, Kunden oder Vorgesetzten kann es deshalb sinnvoller und klüger sein, darauf zu verzichten, recht zu bekommen. Und auch, wenn man eine noch so gute Replik auf einen dummen Spruch parat hat, ist es manchmal einfach besser, die Antwort für sich zu behalten.

Auch im privaten Umfeld sollte man sich immer die Frage stellen, was wichtiger ist: Einen verbalen Schlagabtausch zu den eigenen Gunsten zu entscheiden oder nichts zu sagen, um vielleicht einen Streit zu vermeiden.

**Tipp:**

Wenn Sie von sich selbst wissen, dass Ihnen ein Streit oft noch lange „nachgeht", verzichten Sie einfach darauf. Wenn Sie schon vorher wissen, dass Sie sich noch stunden- oder tagelang unangenehm daran erinnern werden oder gar schlaflose Nächte wegen des Ärgers haben werden, lassen Sie es bleiben. Recht zu haben ist es nicht wert, wertvolle Lebenszeit damit zu verschwenden, sich über jemanden zu ärgern.

**Schlagfertige Antworten, die immer passen:**

Die folgenden Antworten passen zu vielen Situationen und sind fast universell einsetzbar. Es ist also ratsam, sie immer parat zu haben. Am besten schreiben Sie diejenigen, die Ihnen am besten gefallen, auf einen Zettel, den Sie zwischendurch immer wieder einmal zur Hand nehmen können.

- *„Ich finde es schade, dass Sie das so sehen."*
- *„Soll ich das als Beleidigung verstehen, oder was wollen Sie damit sagen?"*
- *„Wen meinen Sie? Ich kann mir nicht vorstellen, dass Sie mit mir so sprechen."*
- *„Das verstehe ich nicht. Erklären Sie das bitte mal."*
- *„Ja, selbstverständlich, was denn sonst?"*
- *„Ist das ein Problem für Sie?"*

*„Reden Sie ruhig weiter, so lange, bis Ihnen etwas einfällt.“*

*„Beneiden Sie mich?“*

*„Hm, es sieht aus, als würden Sie mir einen Vogel zeigen. Können Sie das bitte für mich erläutern?“*

*„Vielleicht bin ich zu dumm, aber können Sie das bitte einmal erklären?“*

*„Sie haben scheinbar eine andere Vorstellung von XYZ. Erklären Sie mir bitte, wie Sie das sehen.“*

*„Welche Lösung schlagen Sie denn vor?“*

*„Wie hätten Sie es denn besser gemacht?“*

**Schlagfertige Antworten auf dumme Sprüche und Fragen:**

**„Haben Sie zugenommen?“**

*„Ja klar, sieht man das nicht?“*

*„Herzlichen Glückwunsch. Sie sind der Erste, der das sofort gesehen hat!“*

*„Stimmt. Es sind genau 50 Gramm.“*

*„Ich sag immer: Besser dick als doof!“*

*„Ja, und wie ich sehe, kennen Sie sich auch gut damit aus.“*

**„Haben Sie keine Augen im Kopf?“**

*„Wenn Sie das nicht sehen können, brauchen Sie wohl eine neue Brille!“*

*„Nein, darum sehe ich auch gerade nicht, wer da mit mir spricht.“*

" Sagen Sie doch auch mal was!"

„Warum, sind <u>Sie</u> mit Ihrem Latein schon am Ende?"

„Ich denke gerade …"

„Warum, fällt <u>Ihnen</u> nichts mehr ein?"

„Ich würde ja gerne, aber <u>Sie</u> reden ja die ganze Zeit."


"Wie sehen Sie denn aus?"

„Warum, gefällt Ihnen das?"

„Schön, dass es Ihnen gefällt."


„So alt sind Sie schon!"

„Hm, wie alt sollte ich denn Ihrer Meinung nach sein?"

„Im ägyptischen Museum habe ich einen Nebenjob als Mumie."


„Warum sind Sie noch nicht verheiratet?"

„Warum, haben Sie ein Problem mit unabhängigen Menschen?"

„<u>Sie</u> haben mich ja noch nie gefragt!"

„Sie wissen doch: EHE steht für Errare Humanum Est."

„Warum sollte ich nur eine(n) Frau/Mann glücklich machen, wenn ich 10 glücklich machen kann?"

**„Frauen und Technik!"**

*„Ja, das ist das Gleiche, wie Männer und Sex."*

*„Ja, danke, dass <u>Sie</u> das für mich machen wollen."*

**Schlagfertigkeit bedeutet nicht Rache**

Manchmal wird Schlagfertigkeit missverstanden. Sie wird dann als Waffe verwendet, um es dem „Gegner" heimzuzahlen oder ihn verbal zu „besiegen".

Wirkliche Schlagfertigkeit ist aber weder das eine noch das andere. Eine schlagfertige Bemerkung ist auch niemals beleidigend oder verletzend. Stattdessen ist sie eine schnelle, spontane Bemerkung, die möglichst elegant, treffend und witzig ist, ohne den Gesprächspartner wirklich anzugreifen. Schlagfertigkeit sollte also immer auch versöhnlich wirken und dem Gesprächspartner die Chance geben, gemeinsam darüber zu schmunzeln.

Vermeiden Sie es, in jedem Fall, Ihren Gesprächspartner persönlich anzugreifen, oder ihn vor anderen zu blamieren. Ihr Gesprächspartner sollte am Ende des Gesprächs nicht als Verlierer oder als Opfer dastehen. Ist das der Fall, wird nicht nur das Verhältnis zum Gesprächspartner belastet. Auch die Wirkung auf andere Gesprächsteilnehmer oder Zuhörer kann sich dann zu Ihren Ungunsten wenden!

**Vorsicht Humor!**

Es gibt Menschen, denen fehlt einfach der Sinn für Humor oder gar Selbstironie. Bei solchen Gesprächspartnern ist jede Form von Schlagfertigkeit Verschwendung. Diese Menschen werden einen Scherz sowieso nicht als solchen erkennen. Darüber hinaus werden sie jede schlagfertige Bemerkung entweder ignorieren oder als Angriff werten.

Wenn Sie auf solch einen Menschen treffen, hilft es meist nur, geduldig zuzuhören oder möglichst bald das Weite zu suchen.

**Tipp: Antworten, die einem zu spät einfallen**

Vielen ergeht es so: Kaum ist der Gesprächspartner gegangen oder auch erst Stunden später, zu Hause, fallen einem die besten, witzigen und schlagfertigen Antworten ein, die man eigentlich während der Diskussion gebraucht hätte.

Machen Sie sich nichts draus. Nutzen Sie Ihre Ideen, um sich eine Strategie für das nächste Mal zurechtzulegen. Notieren Sie Ihre Einfälle. Im Laufe der Zeit erhalten Sie so eine Liste mit schlagfertigen Antworten, die Sie später einmal verwenden können. Wenn Sie die Liste gelegentlich durchlesen, wird es Ihnen beim nächsten Mal viel leichter fallen, „spontan" mit einer schlagfertigen Antwort zu glänzen.

**Zitat**

> „Schlagfertigkeit ist das, was einem erst auf dem Heimweg einfällt!"
>
> (Volksmund)

# Selbstbewusster Umgang mit Killerphrasen

Als Killerphrasen bezeichnet man Äußerungen oder Scheinargumente, die häufig dann zum Einsatz kommen, wenn Menschen nichts mehr einfällt, um ihren Standpunkt mit logischen Argumenten zu begründen oder zu verteidigen.

Die meisten Menschen sind erst einmal perplex, wenn ihnen so eine Killerphrase um die Ohren gehauen wird. Killerphrasen, die auch als „Totschlagargumente" bekannt sind, werden oft mit der Absicht geäußert, jede sinnvolle Diskussion über ein bestimmtes Thema zu unterbinden oder zu endgültig zu beenden.

**Beispiele für Killerphrasen:**

> *„Sie müssen noch viel lernen!"*
>
> *„Das funktioniert sowieso nicht."*
>
> *„Typisch ... Mann/Frau/Beamter/Rentner/"Ossi"/"Sozi"."*
>
> *„Wenn Sie das nicht selbst wissen, hat es keinen Sinn, es Ihnen zu erklären!"*
>
> *„Sie haben ja überhaupt keine Ahnung!"*
>
> *„Kommen Sie erst mal in mein Alter ..."*
>
> *„Das glauben Sie doch selbst nicht!"*
>
> *„Das weiß doch jeder Idiot!"*
>
> *„Glauben ist was für die Kirche!"*
>
> *„Wo gehobelt wird, da fallen Späne."*

Killerphrasen sind in der Regel unsachlich und wollen oft den anderen auf unfaire Weise persönlich treffen. Wer auch immer eine Killerphrase anbringt, will sich dadurch einen Vorteil verschaffen und/oder den anderen in eine schlechte Verhandlungsposition bringen.

Manchmal wollen Killerphrasen auch einfach vom eigentlichen Thema ablenken. Wenn Sie einmal darauf achten, werden Sie sehen, dass das auch in vielen Fällen funktioniert. Killerphrasen sind deshalb auch eine beliebte Waffe unter Politikern.

## So kontern Sie Killerphrasen selbstbewusst

Mit Killerphrasen kann man auf unterschiedliche Art und Weise umgehen. Vom Ignorieren bis zum Zurückschlagen ist alles möglich. Wählen Sie Ihre Reaktion sorgfältig aus. Wichtig ist einzig und allein, dass <u>Sie</u> sich nachher gut fühlen.

### 1.  Ignorieren

Die einfachste Methode besteht darin, die Äußerung einfach zu ignorieren. Tun Sie so, als hätten Sie die Bemerkung gar nicht gehört oder als erschiene sie Ihnen so unangebracht, dass sie keiner Reaktion Ihrerseits würdig ist.

Ihr Gesprächspartner hat so die Chance, zu bemerken, dass seine Äußerung unangebracht war, ohne dass Sie ihn offen kritisieren müssen. Uneinsichtige Gesprächspartner werden durch das Ignorieren ihrer unangemessenen Äußerungen verunsichert.

### 2.  Die unpassende Bemerkung offen ansprechen

Sprechen Sie es ganz offen aus, wenn Sie das Gefühl haben, einer Ihrer Gesprächspartner will mit einer solchen Bemerkung vom eigentlichen Thema ablenken.

### Beispiele:

*„Wenn Sie das nicht selbst wissen, hat es keinen Sinn, das zu erklären!"*

*„Also, Herr Lehmann, das ist ja ein Totschlagargument, das uns gar nicht weiterbringt."*

*„Frau Bär, wollen wir diskutieren oder Phrasen dreschen?"*

*„Herr Meyer, das ist ein unsachliches Argument!"*

Voraussetzung für diese Vorgehensweise ist natürlich, dass Ihr Gesprächspartner überhaupt intellektuell in der Lage ist, über seinen eigenen Diskussionsstil nachzudenken. Killerphrasen werden leider besonders häufig von Menschen verwendet, denen es aus Mangel an Intelligenz an der Fähigkeit, sachlich zu diskutieren, fehlt.

### 3. Mit einer Frage antworten

Diese Methode halte ich für die vernünftigste, wenn man gleichzeitig Selbstbewusstsein und Schlagfertigkeit demonstrieren will. Stellen Sie einfach eine sachliche Frage zu der geäußerten Killerphrase. Fragen Sie ganz harmlos nach dem Grund für die Äußerung oder wie diese zu verstehen sei.

Sie können sich auch dumm stellen und die Äußerung wörtlich nehmen.

**Beispiele:**

*„Ich verstehe nicht, was Sie damit meinen. Erklären Sie das doch bitte einmal genau."*

*„Warum sagen Sie so etwas? Trägt das irgendwie zur Lösung unseres Problems bei?"*

Phrase: **„Kommen Sie erst mal in mein Alter ..."**

*„Ich hoffe doch, dass das Problem bis dahin gelöst ist!"*

Phrase: **„Das funktioniert sowieso nicht."**

*„Erklären Sie doch mal ganz genau, was, warum nicht funktionieren wird!"*

**Phrase: „Sie müssen ja wohl zugeben, dass ...“**

*„Ich muss gar nichts zugeben. Erklären Sie lieber mal, wie Sie das meinen.“*

**Phrase: „Das weiß doch jeder Idiot!“**

*„Stimmt nicht. Vor Ihnen steht ein Idiot, der das noch nicht weiß!“*

## So gehen Sie selbstbewusst mit Kritik um

Sicher kennen Sie das auch. Jemand macht eine dumme oder abschätzige Bemerkung über Sie und es fällt Ihnen in dem Augenblick gar nichts ein, was Sie erwidern könnten. Man könnte dann vor Wut platzen und das gleich doppelt. Einmal wegen der unfairen Bemerkung und direkt noch einmal, weil man keine schlagfertige Antwort parat hatte.

### Tipp: „Cool-down-Wort" installieren

Manche Kritiken oder Angriffe sind so respektlos oder verletzend, dass man, ohne lange zu überlegen, zurückschlägt oder mit einer aggressiven Antwort kontert.

Nicht selten ärgert man sich hinterher darüber. Es kommt auch vor, dass man in der ersten Hitze Dinge sagt, die unangemessen, unfair oder persönlich verletzend sind. Nur kann man sie dann leider nicht mehr zurücknehmen. Selbst, wenn man sich zähneknirschend entschuldigt, ist der entstandene Schaden oft nicht mehr zu *reparieren*.

Aus diesem Grund ist es äußerst sinnvoll, eine „Notbremse" zu installieren, die einen davor bewahrt, unbedacht Dinge auszusprechen, die man später vielleicht bereut. Eine Möglichkeit dazu ist das Einüben eines Cool-Down- oder eines Stoppwortes. Dabei kann es sich um ein einfaches Wort wie zum Beispiel „Stopp!", oder „Halt!" handeln. Auch „Na und!" oder „Ganz langsam!" können funktionieren. Auch das langsame Herunterzählen von 10 bis 0 hat sich in derartigen Situationen bewährt.

Wichtig ist, dass Sie es schaffen, das Cool-Down-Wort immer dann aufzurufen, wenn Sie verbal attackiert werden. Das Stopp-Wort verschafft Ihnen die ein oder zwei zehntel Sekunden, die Sie brauchen, um nicht spontan etwas Unüberlegtes oder Aggressives zu sagen.

**Kritik kann auch nützlich sein!**

Es fällt viel leichter, auf Kritik gelassen zu reagieren, wenn man sich vor Augen hält, dass man Kritik auch sehr gut dazu verwenden kann, das eigene Handeln zu überdenken und zu optimieren.

**Zitat**

*„Auch aus Steinen, die dir in den Weg gelegt werden, kannst du etwas Schönes bauen."*

*(Erich Kästner)*

Sachliche und begründete Kritik kann äußerst hilfreich sein. Wofür andere teure Coaches und Berater bezahlen, liefert Ihnen ein Kritiker völlig kostenlos.

**Kritik gehört im Berufsalltag einfach dazu**

In den allermeisten Jobs lässt es grundsätzlich nicht vermeiden, ab und zu (oder auch öfter) kritisiert zu werden. Überall, wo Sie mit Kunden, Kollegen, Vorgesetzten oder Untergebenen zu tun haben, werden Sie von Zeit zu Zeit – oder, je nach Job, auch häufiger – von irgendjemand kritisiert.

Wenn Sie sich darüber klar werden, dass das nichts mit Ihnen persönlich zu tun hat, sondern einfach zum Job gehört, fällt es viel leichter, Kritik zu ertragen. Kritik von Vorgesetzten dient in der Regel dazu, Ihnen Hinweise zu geben, wie Sie besser werden können. Betrachten Sie das als Zeichen dafür, dass man es Ihnen auch zutraut. Wäre das nicht der Fall, würde man sich die Mühe nicht machen.

*Kritisiert wird nur der, dessen Leistungen überhaupt wahrgenommen werden!*

Machen Sie sich klar, dass es Millionen von Menschen gibt, die nie kritisiert werden, weil es niemanden gibt, der sich überhaupt dafür interessiert, was sie tun. Betrachten Sie Kritik als Hinweis darauf, dass Sie und Ihre Handlungen so wichtig sind, dass sich andere die Mühe machen darauf zu reagieren.

Dazu passt auch sehr gut das folgende Zitat des Musikproduzenten, Frank Farian, der mit der Produktion von Bands und Musikern wie Boney M., Meat Loaf oder Milli Vanilli weltweit erfolgreich war.

**Zitat**

> *„Besser kritisiert als ignoriert. Ich kann wunderbar leben mit schlechter Kritik."*

> *(Frank Farian, deutscher Musikproduzent und Komponist)*

**Kampf oder Flucht - oder doch etwas ganz anderes?**

Im Blog eines Kollegen las ich vor einiger Zeit, dass man auf Kritik entweder mit Flucht oder mit Kampf reagieren müsse. Ich habe darüber nachgedacht, ob das wirklich zutrifft, und bin zu dem Schluss gekommen, dass es einen dritten Weg gibt, der meiner Meinung nach viel stressfreier ist.

Man kann auf Kritik nämlich auch mit Souveränität und Selbstbewusstsein reagieren, ohne sich auf einen Kampf einzulassen oder zu flüchten. In vielen Fällen ist es besser, nach außen zu demonstrieren, dass man die Kritik und/oder den Kritiker durchaus ernst nimmt.

Man zeigt in diesem Fall nicht, dass man persönlich getroffen ist, oder dass man sich über die Kritik ärgert. Stattdessen behandelt man den Kritiker wohlwollend und gibt ihm das Gefühl, dass seine Kritik ernst genommen wird. Man regt sich nicht auf, und man greift den Kritiker auch nicht an. Stattdessen bedankt man sich für die Anmerkungen und teilt mit, dass man diese zwar nicht teilt, sie aber bedenken werde.

Damit können Sie das Thema abhaken und geben dem Kritiker keine Chance, seine Vorwürfe zu vertiefen oder die Kritik zu wiederholen. Gleichzeitig wirken Sie auf diese Weise souverän und selbstbewusst.

### Umgang mit aggressiven Gesprächspartnern

Es lässt sich leider nicht immer vermeiden: Manchmal trifft man einfach auf besonders schwierige oder gar aggressive Gesprächspartner. Wenn Ihnen das passiert, heißt die Regel: „Ruhe bewahren!" Das ist das Allerwichtigste.

### Den Angreifer ins Leere laufen lassen:

Diese Methode hat oft verblüffende Effekte. Sie besteht darin, dem Angreifer keine Angriffsfläche zu bieten und ihm stattdessen zuzustimmen oder ihm zumindest nicht zu widersprechen.

Mögliche Antworten könnten dann lauten:

- „Vielen Dank, dass Sie mich auf diesen Fehler aufmerksam gemacht haben."

- „Da haben Sie vollkommen recht!"

- „Stimmt, der Fehler liegt bestimmt bei mir."

- „Da habe ich / haben wir einen Fehler gemacht. Das muss beim nächsten Mal besser laufen."

**Den Angreifer beschwichtigen:**

Mögliche Antworten:

- ☺ „Sorry, das tut mir leid. Wir bringen das sofort in Ordnung.“

- ☺ „Das ist mir sehr unangenehm. Wie kann ich das wieder gutmachen?“

- ☺ „Ich kann gut verstehen, dass Sie sich aufregen.“

- ☺ „Aus Ihre Sicht stimme ich Ihnen zu.“

**Umgang mit Besserwissern**

Besserwisser gibt es überall. Ganz gleich zu welchem Thema oder in welchem Zusammenhang: Ein Besserwisser hat zu allem und jedem etwas zu sagen. Gerne vertritt er dann auch eine Meinung, die der, der anderen Gesprächsteilnehmer, entgegensteht.

Interessanterweise tun sich am allermeisten die Besserwisser hervor, die nur wenig oder gar keine Ahnung von dem aktuellen Gesprächsthema haben. Wirkliche Experten sind in der Regel zurückhaltender. Sie haben es nicht nötig, sich mit Besserwisserei in den Vordergrund zu spielen.

Wenn Sie auf einen Besserwisser treffen, gibt es zwei Möglichkeiten:

1. Der Besserwisser hat keine Ahnung, wovon der spricht.

2. Der Besserwisser hat tatsächlich Fachkenntnisse.

In beiden Fällen können Sie mit der gleichen fairen Methode vorgehen:

Bieten Sie dem Besserwisser einfach die Möglichkeit, sein tatsächliches oder nur eingebildetes Fachwissen zum Besten zu geben. Fordern Sie ihn auf:

☺ *„Herr Meyer, wenn Sie sich so gut auskennen, erklären Sie uns doch einmal …"*

☺ *„Ah, wir haben einen Experten in unserer Runde: Herr M. Sie wissen doch sicher …"*

Kennt er sich wirklich gut aus, haben Sie einen kompetenten Gesprächspartner, von dem Sie vielleicht noch etwas lernen können. Hat er keine Ahnung, werden Sie auch das schnell bemerken, und der Angreifer disqualifiziert sich selbst.

# Selbstbewusst, aber nicht arrogant

Nicht selten kommt es vor, dass Menschen, die Wege suchen, wie sie selbstbewusster durchs Leben gehen können, befürchten, dadurch arrogant zu wirken. Manche halten es bereits für arrogant, ihre eigenen Stärken zu betonen oder ihre Wünsche gegenüber anderen auszusprechen.

Manchmal verwechseln Menschen auch Selbstbewusstsein mit Arroganz oder gehen davon aus, dass beides zusammengehört. Das ist aber ausdrücklich <u>nicht</u> der Fall! Wer wirklich selbstbewusst ist, hat es nicht nötig, arrogant zu sein. Und wer arrogant ist, ist niemals wirklich selbstbewusst.

*Wer wirklich selbstbewusst ist, hat es nicht nötig, arrogant zu sein!*

Während arrogante Menschen ihre Sicherheit daraus beziehen, dass sie auf andere herabschauen und sich besser fühlen, weil sie glauben, dass andere schwächer sind, bezieht ein selbstbewusster Mensch sein Selbstbewusstsein aus seiner eigenen Persönlichkeit, ohne andere deshalb abzuwerten.

*Selbstbewusstsein hat nichts mit Arroganz zu tun!*

Ein wirklich selbstbewusster Mensch betrachtet andere immer als gleichwertig und begegnet jedem anderen mit Respekt und Höflichkeit. Ein selbstbewusster Mensch ist auch bereit, Schwächere zu unterstützen, statt deren Schwächen für seine Ziele auszunutzen.

Im Gegensatz zu arroganten Menschen genießen wirklich selbstbewusste Menschen meist die Sympathien ihrer Mitmenschen. Die arroganten Mitmenschen hingegen werden nur von den allerwenigsten gemocht.

Arrogante Menschen überschätzen sich meist. Während der Selbstbewusste sich über seine Stärken, aber auch über seine Schwächen im Klaren ist, ist der Arrogante der Überzeugung, so gut wie alles zu können. Ein arroganter Mensch übertreibt bei der Schilderung seiner Stärken und ist oft tatsächlich der Überzeugung, kaum oder sogar gar keine Schwächen zu haben.

Typische Eigenschaften eines arroganten Menschen:

- Er tritt betont (auffällig) selbstbewusst auf.
- Er wertet andere und deren Leistung ab, hält sie für unfähig.
- Er überschätzt seine eigene Leistung und Fähigkeiten.
- Er verschleiert oder verleugnet seine eigenen Schwächen.
- Er hält sich für wichtiger als andere und für „unersetzlich".
- Er spricht schlecht über andere.
- Er behandelt Schwächere und Untergebene schlecht (z. B. Mitarbeiter oder die Bedienung in einem Lokal).

Sie sehen: Selbstbewusstsein hat mit Arroganz rein gar nichts zu tun. Tatsächlich ist Selbstbewusstsein das Gegenteil von Arroganz. Arbeiten Sie weiter daran, Ihr Selbstbewusstsein zu verbessern. Sie müssen sich keine Sorgen darüber machen, dadurch arrogant zu wirken oder gar arrogant zu werden.

## Zum Guten Schluss

Herzlichen Glückwunsch. Wenn Sie das Buch bis hierher gelesen und vielleicht sogar durchgearbeitet haben, sind Sie auf Ihrem Weg zu mehr Selbstbewusstsein schon ein gutes Stück vorangekommen. Vielleicht hat Sie das ein oder andere Thema sogar zum Nachdenken veranlasst, das würde mich besonders freuen.

Arbeiten Sie weiter daran, so zu werden, dass es Ihnen gut geht und Sie sich wohlfühlen. Machen Sie sich nicht klein, und verbiegen Sie sich nicht für andere. Gehen Sie liebevoll und freundlich mit sich selbst um. Behandeln Sie sich gut und tun Sie sich so viel Gutes, wie möglich.

Ich wünsche Ihnen auf Ihrem weiteren Weg ganz viel Erfolg.

Ihr Alexander Stern

# ANHANG

# Beantwortung von Leserfragen

Die folgenden Fragen wurden von Lesern eingesandt. Sie werden hier mit deren ausdrücklicher Erlaubnis abgedruckt. Und natürlich wurden alle direkten Hinweise auf den Fragesteller anonymisiert.

Wenn Sie selbst eine Frage oder ein Anliegen haben, freuen wir uns auf Ihre Nachricht. Die Adresse und weitere Kontaktdaten finden Sie wie immer im Anhang zum Buch.

## Tipps für ein Bewerbungsgespräch

Monika (37) aus Wolfsburg fragt:

Ihr Buch hat mir bisher schon ganz gut geholfen. Mein Problem ist, dass ich in zwei Wochen ein Bewerbungsgespräch bei einer großen Firma habe und diesbezüglich ziemlich unsicher bin. Gibt es etwas, das ich dagegen tun kann?

**Antwort:**

Bewerbungsgespräche sind für jeden eine Herausforderung. Meist muss man den zukünftigen Arbeitgeber in kurzer Zeit davon überzeugen, dass man der oder die Richtige für den Job ist. Dazu kommt, dass in einem Bewerbungsgespräch häufig absichtlich Fragen gestellt werden, die den Bewerber verunsichern sollen, um zu beobachten, wie er damit umgehen kann.

Um möglichst selbstsicher in ein solches Gespräch zu gehen, sollten Sie folgende Punkte beachten:

**Kleider machen Leute:**

Das gilt beim Bewerbungsgespräch ganz besonders. Ihre Kleidung muss korrekt, ordentlich und natürlich sauber sein. Versuchen Sie, Ihre Kleidung dem zukünftigen beruflichen Umfeld anzupassen. Konkret heißt das, Sie sollten für die Bewerbung bei einer Bank sehr korrekt gekleidet sein, während es bei einer Bewerbung für einen Aushilfsjob auch etwas legerer OK ist.

**Pünktlichkeit:**

Erscheinen Sie in jedem Fall pünktlich zu dem Gespräch. Planen Sie Verzögerungen ein. Pünktlich bedeutet übrigens auch, nicht zu früh zu erscheinen. 10 Minuten vor dem Termin sind OK.

**Gut informiert sein:**

Informieren Sie sich im Vorfeld über das Unternehmen und die zu vergebende Stelle. Je mehr Sie darüber wissen, umso besser.

**Kritischen Fragen standhalten:**

In einem Bewerbungsgespräch können auch „unerwartete" Fragen auf Sie zukommen. Dazu gehören zum Beispiel:

*„Was Ihre größte Schwäche?"*

*„Warum sollten wir gerade Sie einstellen?"*

*„Warum suchen Sie einen neuen Job?"*

*„Warum bewerben Sie sich gerade bei uns?"*

Solche und ähnliche Fragen sollten Sie, ohne zu zögern, beantworten können. Rechnen Sie damit, dass man Ihnen ungewöhnliche und vielleicht sogar dreiste Fragen stellt:

*„Sie kommen aus einem Dorf. Glauben Sie ernsthaft, dass Sie in der Lage wären, mit unseren internationalen Kunden korrekt umzugehen?"*

*„Sie bekommen doch sowieso bald Kinder und fallen dann für lange Zeit für unser Unternehmen aus."*

**Selbst Fragen stellen:**

Wenn Sie selbst (intelligente) Fragen zum Unternehmen oder der zu vergebenden Stelle stellen können, wird das in der Regel positiv aufgenommen. Zeigen Sie durch Ihre Fragen, dass Sie sich für das Unternehmen und seine Projekte interessieren. Auch hierbei kann eine Recherche im Internet sehr hilfreich sein.

Stellen Sie auch gezielte Fragen zu der Stelle oder der Position, für die Sie sich bewerben. Sie vermeiden dadurch, dass Sie den Eindruck erwecken,

Sie wollten die Stelle unter allen Umständen und unbedingt haben. Das könnte Sie nämlich in eine schlechte Verhandlungsposition bringen. Wenn Sie Interesse daran zeigen, dass die Stelle auch wirklich zu Ihnen passt, wirken Sie für den zukünftigen Arbeitgeber sofort viel interessanter.

Weitere Informationen zum Thema Bewerbungen finden Sie auf vielen Seiten im Internet. Mit den genannten Tipps können Sie aber schon eine Menge Anspannung aus einem Bewerbungsgespräch rausnehmen. Generell gilt, je besser Sie sich vorbereiten, desto selbstsicherer werden Sie auftreten.

## Trotz Schüchternheit jemanden kennenlernen

Torben (19) aus Magdeburg fragt:

Mein Problem ist, dass ich mich nicht traue, Frauen anzusprechen. Aus diesem Grund habe ich nun schon seit zwei Jahren keine Freundin mehr gehabt. Ich gehe zwar am Wochenende in die Disco, stehe da aber oft allein rum, weil ich mich einfach nicht traue, auf eine Frau zuzugehen. Wie kann ich das überwinden?

**Antwort:**

Um das zunächst klarzustellen: Sie sind mit dieser Sorge nicht allein. Die beschriebenen Probleme haben viele jüngere Menschen. Es ist also gar nicht so ungewöhnlich oder peinlich, schüchtern zu sein.

Auch unter denen, die scheinbar immer völlig selbstsicher erscheinen, gibt es nicht wenige, die ihre Unsicherheit durch besonders forsches Auftreten oder auch durch den Konsum von Alkohol und anderen Drogen verstecken.

Ein weiterer Punkt ist, dass es durchaus auch junge Frauen gibt, die es sehr sympathisch finden, wenn ein Mann nicht „wie die Axt im Hause" daherkommt, sondern zurückhaltend und vielleicht auch ein wenig schüchtern ist.

Um die Kontaktaufnahme zu einem möglichen neuen Partner zu erleichtern, gibt ein paar Tricks:

**Gelegenheiten suchen:**

Bei privaten Partys ist es meist wesentlich einfacher, jemanden kennenzulernen als in der Disco. Gehen Sie gemeinsam mit Freunden aus, mit denen Sie sich ungezwungen unterhalten können. Auf diese Weise haben Sie nicht das Problem, allein „herumzustehen“.

Übrigens, mehr als 30 Prozent aller Partnersuchenden lernen ihren neuen Partner am Arbeitsplatz, in der Uni oder in der Schule kennen. Sie sollten sich dort einmal genau umschauen.

**Ein passendes Gesprächsthema finden:**

Je nachdem, wo man jemanden trifft, bieten sich bestimmte Gesprächsthemen an. Besucht man ein Konzert, spricht man über den Künstler, die Band, den Komponisten oder das Orchester. Ein wenig Vorbereitung erleichtert so ein Gespräch.

**Gemeinsame Interessen finden:**

Die Disco ist für schüchterne Menschen nicht unbedingt der beste Ort, um jemanden kennenzulernen. Oft ist es aufgrund der Lautstärke schwierig, sich zu unterhalten. Und da man in der Regel gar nichts über den anderen weiß, ist es auch schwerer, ein Thema zu finden.

Im Gegensatz dazu weiß man beim Besuch eines Konzerts, eines Museums, einer Dichterlesung oder eines Volkshochschulkurses schon recht genau, welche Interessen die Menschen haben, denen man dort begegnet. Außerdem bieten sich bei solchen Veranstaltungen auch mehr Gelegenheiten, um miteinander ins Gespräch zu kommen.

**Öfter die gleichen oder ähnliche Veranstaltungen besuchen:**

Im Laufe der Zeit erblickt man dort immer häufiger bekannte Gesichter. Das gibt Selbstsicherheit und erleichtert es noch mehr, jemanden anzusprechen, da man sich ja „schon kennt“.
Viele weitere Informationen zum Thema Flirten und Kennenlernen finden Sie übrigens im "Flirt-Ratgeber für Männer" meines Kollegen, Michael Caravetti.

# Selbstbewusstsein-Test

Vielen von uns ist gar nicht bewusst, dass sie womöglich über weniger Selbstvertrauen und Selbstbewusstsein verfügen als andere. Eine Möglichkeit, herauszufinden, wie es um das eigene Selbstbewusstsein bestellt ist, ist der folgende Selbsttest. Sie können den Test auch von Zeit zu Zeit wiederholen, um herauszufinden, wie sich Ihr Selbstbewusstsein entwickelt hat.

**Hinweis:**

Bitte beachten Sie, dass es sich bei dem folgenden Test nicht um eine medizinische Untersuchung oder um einen medizinischen Test handelt. Er ersetzt keine Diagnose durch einen Arzt oder Psychologen.

## Anleitung

Sie finden im Folgenden 30 Aussagen. Entscheiden Sie bei jeder Aussage, ob Sie ihr völlig, teilweise oder gar nicht zustimmen. Für jede Entscheidung gibt es eine bestimme Anzahl von Punkten. Notieren Sie Ihre Punkte und zählen Sie sie am Schluss zusammen.

**Aussage 1: Ich finde, dass ich auf Fotos meistens ganz gut aussehe.**

☐ Trifft zu: 2

☐ Trifft manchmal zu: 1

☐ Trifft nie zu: 0

Punkte: .....

**Aussage 2: Wenn in einem Restaurant mein Essen nicht in OK ist, beschwere ich mich bei der Bedienung.**

☐ Trifft zu: 2

☐ Trifft manchmal zu: 1

☐ Trifft nie zu: 0

Punkte: .....

**Aussage 3: Mir fällt es leicht, andere um Hilfe zu bitten.**

☐ Trifft zu: 2

☐ Trifft manchmal zu: 1

☐ Trifft nie zu: 0

Punkte: .....

**Aussage 4: Es fällt mir leicht, Preise mit Handwerkern oder beim Einkaufen zu verhandeln.**

☐ Trifft zu: 2

☐ Trifft manchmal zu: 1

☐ Trifft nie zu: 0

Punkte: .....

**Aussage 5: Ich lasse mich in meinen Entscheidungen oft von anderen beeinflussen.**

☐ Trifft zu: 0

☐ Trifft manchmal zu: 1

☐ Trifft nie zu: 2

Punkte: .....

**Aussage 6: Wenn ich einen Vortrag oder eine Präsentation halten muss, bin ich bereits Tage vorher nervös.**

☐ Trifft zu: 0

☐ Trifft manchmal zu: 1

☐ Trifft nie zu: 2

Punkte: .....


☐ **Aussage 7: Ich könnte beruflich erfolgreicher sein, wenn ich mehr Selbstbewusstsein hätte.**

☐ Trifft zu: 0

☐ Trifft manchmal zu: 1

Trifft nie zu: 2

Punkte: .....


**Aussage 8: Es kommt häufiger vor, dass ich die Arbeit von anderen erledige.**

☐ Trifft zu: 0

☐ Trifft manchmal zu: 1

☐ Trifft nie zu: 2

Punkte: .....

**Aussage 9: Ich entschuldige mich sehr oft.**

☐ Trifft zu: 0

☐ Trifft manchmal zu: 1

☐ Trifft nie zu: 2

Punkte: .....


**Aussage 10: Ich mache oft bei Aktivitäten mit, obwohl ich eigentlich gar keine Lust dazu habe.**

☐ Trifft zu: 0

☐ Trifft manchmal zu: 1

☐ Trifft nie zu: 2

Punkte: .....


**Aussage 11: Es ist mir unangenehm, ein defektes Gerät, das ich gekauft habe, in das Geschäft zurückzubringen und mein Geld zurückzuverlangen.**

☐ Trifft zu: 0

☐ Trifft manchmal zu: 1

☐ Trifft nie zu: 2

Punkte: .....

**Aussage 12: Bei einer zu hohen Rechnung bezahle ich lieber ein paar Cent mehr, als die Rechnung zu beanstanden.**

☐ Trifft zu: 0

☐ Trifft manchmal zu: 1

☐ Trifft nie zu: 2

Punkte: .....

**Aussage 13: Es stört mich, wenn andere etwas an meinem Aussehen kritisieren.**

☐ Trifft zu: 0

☐ Trifft manchmal zu: 1

☐ Trifft nie zu: 2

Punkte: .....

**Aussage 14: Ich bin mit meinem aktuellen Job zufrieden.**

☐ Trifft zu: 2

☐ Trifft manchmal zu: 1

☐ Trifft nie zu: 0

Punkte: .....

**Aussage 15: Ich glaube, dass ich es selbst in der Hand habe, wie ich mich fühle.**

☐ Trifft zu: 2

☐ Trifft manchmal zu: 1

☐ Trifft nie zu: 0

Punkte: .....


**Aussage 16: Ich werde leicht unsicher, wenn andere mich oder meine Arbeit kritisieren.**

☐ Trifft zu: 0

☐ Trifft manchmal zu: 1

☐ Trifft nie zu: 2

Punkte: .....


**Aussage 17: Es fällt mir leicht, fremde Menschen anzusprechen.**

☐ Trifft zu: 2

☐ Trifft manchmal zu: 1

☐ Trifft nie zu: 0

Punkte: .....

**Aussage 18: Was andere über mich denken, interessiert mich nicht.**

☐ Trifft zu: 2

☐ Trifft manchmal zu: 1

☐ Trifft nie zu: 0

Punkte: .....


**Aussage 19: Ich entscheide mich oft für eine Lösung, von der ich glaube, dass die anderen sie gut finden.**

☐ Trifft zu: 0

☐ Trifft manchmal zu: 1

☐ Trifft nie zu: 2

Punkte: .....


**Aussage 20: Ich nehme mir regelmäßig Zeit, die ich nur für mich selbst nutze. Also weder für die Familie, für Freunde oder für den Job.**

☐ Trifft zu: 2

☐ Trifft manchmal zu: 1

☐ Trifft nie zu: 0

Punkte: .....

**Aussage 21: Ich kann problemlos „Nein" sagen, wenn jemand mich um etwas bittet.**

☐ Trifft zu: 2

☐ Trifft manchmal zu: 1

☐ Trifft nie zu: 0

Punkte: .....


**Aussage 22: Ich stehe zu meinen Schwächen und kann es leicht zugeben, wenn ich einen Fehler gemacht habe.**

☐ Trifft zu: 2

☐ Trifft manchmal zu: 1

☐ Trifft nie zu: 0

Punkte: .....


**Aussage 23: Ich bin zufrieden mit dem, was ich bisher im Leben erreicht habe.**

☐ Trifft zu: 2

☐ Trifft manchmal zu: 1

☐ Trifft nie zu: 0

Punkte: .....

**Aussage 24: Im Vergleich zu Nachbarn und Freunden schneide ich eher gut ab.**

☐ Trifft zu: 2

☐ Trifft manchmal zu: 1

☐ Trifft nie zu: 0

Punkte: .....


**Aussage 25: Es ist mir wichtig, was meine Nachbarn über mich denken.**

☐ Trifft zu: 0

☐ Trifft manchmal zu: 1

☐ Trifft nie zu: 2

Punkte: .....


**Aussage 26: Ich glaube oft, dass es anderen besser geht als mir.**

☐ Trifft zu: 0

☐ Trifft manchmal zu: 1

☐ Trifft nie zu: 2

Punkte: .....

**Aussage 27: Es kommt häufig vor, dass ich andere beneide.**

☐ Trifft zu: 0

☐ Trifft manchmal zu: 1

☐ Trifft nie zu: 2

Punkte: .....


**Aussage 28: Es ist mir unangenehm, mein eigenes Spiegelbild anzuschauen.**

☐ Trifft zu: 0

☐ Trifft manchmal zu: 1

☐ Trifft nie zu: 2

Punkte: .....


☐ **Aussage 29: Ich mache mir häufig Sorgen um die Zukunft.**
Trifft zu: 0

☐ Trifft manchmal zu: 1

☐ Trifft nie zu: 2

Punkte: .....

**Aussage 30: Mir ist es häufig unangenehm, wenn mir jemand ein Kompliment macht.**

☐ Trifft zu: 0

☐ Trifft manchmal zu: 1

☐ Trifft nie zu: 2

Punkte: .....

Zählen Sie Ihre Punkte zusammen.

**Gesamtpunktzahl**

Die Auswertung finden Sie auf der folgenden Seite.

## Auswertung:

**45 bis 60 Punkte: sehr selbstbewusst**

Herzlichen Glückwunsch!

Ihre Antworten zeigen, dass es Ihnen absolut nicht an Selbstbewusstsein mangelt. Wahrscheinlich haben Sie das Buch schon erfolgreich durchgearbeitet. Bleiben Sie dran und fallen Sie nicht in alte Verhaltensweisen zurück.

Vielleicht haben Sie ja Lust, jetzt anderen Menschen mit einem geringen Selbstvertrauen zu helfen. Ihr Ergebnis zeigt, dass Sie wissen, wie es geht.

**25 bis 44 Punkte: durchschnittlich selbstbewusst**

Im Vergleich mit vielen anderen ist Ihr Selbstbewusstsein gar nicht so schlecht entwickelt. Trotzdem gibt es einige Dinge, die Sie tun können, um auch in Situationen selbstbewusst aufzutreten, in denen Ihnen das bisher noch nicht gelungen ist. Freuen Sie sich darüber, dass Sie selbstbewusster sind als viele andere. Arbeiten Sie zusätzlich daran, auch in den Punkten selbstbewusster zu werden, mit denen Sie noch nicht zufrieden sind.

**13 bis 24 Punkte: wenig selbstbewusst**

Sie haben definitiv zu wenig Selbstvertrauen und könnten mit etwas mehr Selbstbewusstsein sicher mehr aus Ihrem Leben und Ihren Fähigkeiten machen.

Den ersten Schritt dazu haben Sie ja bereits getan, indem Sie sich für dieses

Buch entschieden haben.

Zusätzlich zu den Übungen und Aufgaben im Buch sollten Sie Ihre kostbare Zeit mit netten Menschen verbringen, bei denen Sie das Gefühl haben, geschätzt zu werden, ganz gleich, wie unsicher Sie sich gerade fühlen oder verhalten.

**0 bis 12 Punkte: Extrem wenig selbstbewusst**
Ihr Selbstbewusstsein braucht dringend Unterstützung. Wahrscheinlich ahnen Sie gar nicht, was Sie alles schaffen könnten, wenn Sie nicht von Ihrem mangelnden Selbstbewusstsein ausgebremst würden.

Zusätzlich zu der Arbeit mit dem Buch würde ich Ihnen raten, einmal mit einem Coach oder einem Psychologen zu sprechen. Vielleicht finden Sie auch eine nette Selbsthilfegruppe in Ihrer Nähe oder auch im Internet.

## Fazit:

Ganz gleich, wie Ihr Ergebnis ausgefallen ist: Ich drücke Ihnen die Daumen, dass Sie schon bald mehr Selbstvertrauen entwickeln. Dass das möglich ist, beweisen viele andere, die es bereits geschafft haben. Und was die können, schaffen Sie auch!

# Kontakt

Haben Sie eine Frage oder eine Anregung? Wir freuen uns darauf, von Ihnen zu hören.

Bitte senden Sie Ihre Fragen oder Vorschläge an:

Zebrabuch
Auf dem Kamp 15
51645 Gummersbach

Per E-Mail:

info@zebrabuch.de

oder direkt an:

alexander.stern@zebrabuch.de

Wenn Ihnen das Buch gefallen hat, würden wir uns sehr über eine freundliche Bewertung bei Ihrem Buchhändler freuen. Solche Bewertungen sind für kleine Verlage und unabhängige Autoren äußerst wichtig. Sie können uns damit sehr unterstützen.

Schon im Voraus herzlichen Dank dafür.

 Ihr Zebrabuch-Team

## Über den Autor

Alexander Stern ist der Autor bekannter Ratgeber wie „Achtsamkeit kann man lernen!", „Schluss mit Angst und Panik" sowie des Bestsellers „Selbstbewusstsein kann man lernen!".

Er versteht es wie kein Zweiter, die neuesten Erkenntnisse der psychologischen Forschung in alltagstaugliche Anleitungen für jedermann zu übersetzen.

In seiner neuesten Veröffentlichung „Depressionen – erkennen – verstehen – überwinden" gibt er fundierte und anschauliche Antworten auf Fragen rund um das aktuelle Thema Depressionen und deren Behandlung.

## Weitere Titel von Alexander Stern

### Achtsamkeit kann man lernen
Zebrabuch

ISBN     Print: 978-3-86427-047-5

           E-Book: 978-3-86427-033-3

### Depressionen – erkennen – verstehen – überwinden
Zebrabuch

ISBN     Print: 978-3-86427-046-8

           E-Book: 978-3-86427-039-0

### Das große Angstbuch
Zebrabuch

ISBN     Print: 978-3-86427-048-2

           E-Book: 978-3-86427-042-0

### Das Geheimnis glücklicher Menschen
Zebrabuch

ISBN     Print: 978-3-86427-049-9

           E-Book: 978-3-86427-035-2

### Keine Angst vor Prüfungen
Zebrabuch

ISBN     E-Book: 978-3-86427-022-2

### Schluss mit Angst und Panik
Zebrabuch

ISBN     Print: 978-3-86427-050-5

           E-Book: 978-3-86427-020-8

## Bonus Download

Auf unserer Website

# www.zebrabuch.de

finden Sie unter der Rubrik Downloads ein kleines Geschenk für die Leser dieses Buchs.

Um Ihr Geschenk herunterladen zu können, benötigen Sie das folgende Kennwort:

**zebra528**

Geben Sie das Kennwort ein, wenn Sie dazu aufgefordert werden. Sie können Ihr Geschenk dann herunterladen.